长城长

《长城长》节目组　编著

集知识性、趣味性、竞赛性于一体的
国内第一本长城知识通俗读物
唤起更多的人来弘扬长城精神，传承爱国情怀

CHANGCHENG CHANG

序

《长城长》出书了,我非常高兴。我行走长城三十余载,至今仍未停下探索的脚步,所以当内蒙古卫视邀请我做这个中国第一档以长城为主题的大型文化综艺节目的嘉宾时,我便欣然接受。说实话,当时真没想到,这台节目会做得这么好,能取得如此成功是编创人员艰辛努力的结果。

鲁迅说过:"伟大也要有人懂。"这是一个能让更多观众懂得长城伟大的节目,能够把观众带入上下两千年、纵横数万里的长城世界,能够让更多的人真正了解凝聚了中华民族自强不息的奋斗精神和众志成城、坚忍不屈的爱国情怀的伟大文化遗产。无论是《长城长》节目,还是现在这本同名书籍的出版,对于传播长城文化都是非常好的形式。

长城是伟大的,修长城的古代劳动人民是伟大的,拥有长城的中华民族更是伟大的!长城是中国伟大的军事建筑,被誉为古代人类建筑史上的奇迹,其所承载的文化内涵和精神价值是无可估量的。对世界来说,长城是人类文化遗产;对中华民族来说,长城是民族融合的纽带。长城南北曾经有过刀光剑影、烽火连天的岁月，但更多的时候是长城构建了长城两边的和平秩序。

长城两边不断书写中原农耕文化与草原游牧文化相互交往交流交融的感人故事。如今，站在铸牢中华民族共同体意识的角度：长城是各民族同呼吸、共命运、心连心的强大精神纽带；是中华文化连绵不绝的象征；是中华民族抵御外侮，不屈不挠的象征；是民族融合共同发展的象征。长城如同血液，深深融入了每个中国人的身心。

长城纵横中国 15 个省（自治区、直辖市），全线三分之一分布在内蒙古。内蒙古的长城种类最全、长度最长，修筑历史最长、修筑朝代最多、分布地域最广。于是，内蒙古卫视找到了这个各民族共享的中华文化符号和中华文化形象——万里长城！《长城长》节目因此诞生，希望通过《长城长》节目能让更多的人读懂长城、读懂中国、读懂中华民族，并因此更加热爱我们的国家和中华民族。

回顾了一下，《长城长》节目组是从 2021 年 9 月开始分赴长城沿线 15 个省（自治区、直辖市）拍摄，他们探访长城资源调查人，现场录制视频，期间还多次与国内权威长城专家就长城知识呈现的准确性、权威性进行研讨。《长城长》节目播出以后，社会反响特别好，因为节目在形式上打破了传统文化较为严肃的叙事风格，选用了文化综艺类答题的方式，将厚重的题材进行轻量化表达，整体节目风格活泼有趣，受到了很多年轻人的喜爱。我在节目录制现场和节目播出后，与年轻人进行过交流，他们说《长城长》是一部极为有益的节目，让我们了解到作为中华文明重要象征的长城的文化，使我们感悟到内蕴于长城的精神"，达到了"不言之教胜于教"的效果。

在书籍的编撰上，《长城长》节目组也下足功夫。他们最大限度地贴近年轻群体，设计了大量"对话感"十足的"场景假设小标题"，例如"唐僧西天取经的时候，看见过长城吗？""在万里长城的讨论中，我们想起了罗马"等。叙事风格与语态有现代日常生活的烙印，非常契合年轻人的审美偏爱；还运用"居延汉简中竟然有九九乘法表""胡椒在唐朝可以抵工资，连宰相都囤货""四大美女、四大才女都是'成团出道'"等表达方式触动更多的年轻朋友。加之内蒙古人民出版社的编辑，相信读完这本《长城长》的朋友再次登上长城时，不单是欣赏长城的宏伟、壮丽和秀美，你会真正地了解长城文化、了解每段长城的起源和围绕着长城发生的故事，你会感到在历史长河中个体的短暂与渺小，同时也深感作为中华儿女的自豪与责任。

两千多年持续不断地修筑长城，是中国人民世世代代追求和平的愿望体现，也是中华民族融合发展的历史见证。在当今铸牢中华民族共同体意识的思想指导下，我们迫切需要重新认识长城文化。这本书对于深入挖掘长城文化遗产的价值，激活长城文化的生命力，弘扬其内蕴的民族精神有深远的意义，同时也为广大中小学生广泛学习长城知识，开展铸牢中华民族共同体意识教育提供补充材料。

2023 年 01 月 01 日

蒙曼

内蒙古卫视大型文化综艺节目《长城长》文化解读官,文化学者,中央民族大学历史文化学院教授、博士生导师。

两千多年来,长城的发展变迁离不开强盛国力的坚实支撑。长城一个个的历史角色见证了一幅幅璀璨辉煌的盛世长卷。

秦皇汉武出塞戍关、筑城御边,展现了气吞万里的雄壮豪迈;隋唐盛世拓地廓边、怀柔中外,体现了开放包容的盛世襟怀;康乾祖孙调和内外、天下归心,创造了民族融合的历史功绩。百年征程波澜壮阔,点画江山,是见证踔厉奋发的伟大时代。时代在变,长城的角色也在变,不变的是与时俱进的共振共鸣,是多元一体的大势所趋。"志合者,不以山海为远",不同民族、不同文化的"石榴籽"在长城两边紧紧环抱。

如今,穿过历史的云烟,站在民族复兴的全新起点上,历久弥新的万里长城,正迎来又一个无限风光的春天。当世界聚焦中国,长城是文明古国的标识;当中国拥抱世界,长城是文化自信的根基。习近平总书记说:"我们一定要重视历史文化保护传承,保护好中华民族精神生生不息的根脉。"复兴长城,是文明盛世的召唤,是扛在肩上的时代重任!关注长城、认识长城、走近长城、保护长城,就是擦亮中华民族的闪亮名片。

长城长万里,往事越千年。

装点此关山,今朝更好看!

万里秦城万里长

习近平

郦波

内蒙古卫视大型文化综艺节目《长城长》文化解读官,文化学者,南京师范大学文学院教授、博士生导师,江宁织造博物馆馆长。

万里长城万里长,长城两边是故乡。长城,犹如一条巨龙在崇山峻岭之间蜿蜒盘旋,在我国波澜壮阔的如画江山间绵亘远方。它的修建历经了十余个朝代,持续近2000年,是人类历史上持续修筑时间最久的建筑工程。千百年间,这道墙的巍然矗立带来了两边的和平,使得两侧的民众往来不息,贸易得以兴盛,民族得以融合,文化得以交汇,新的历史篇章得以书写。

壮哉长城,中华意象。它见证了千年荡气回肠的历史,又从历史中走出,成为中华民族的精神象征。长城巍峨挺拔的姿态、雄伟壮观的气势深深浸润到中华民族的精神血脉当中。

伟哉长城,民族脊梁。它是民族精神的重要载体,更是激励复兴路上中华儿女的无穷力量。巍巍长城,薪火相传,生生不息。如今,长城和中华儿女正斗志昂扬,在百年新起点上,踏上世界瞩目的复兴征程。

長城内外大河
上下峰長城永在
潘滨先生雅正
壬寅春

董耀会

　　内蒙古卫视大型文化综艺节目《长城长》文化解读官，长城专家，长城国家文化公园建设工作专家咨询委员会专家委员、中国长城学会常务副会长。

　　主持和参与多项国家社科基金项目。长期致力于长城的研究、保护、宣传和开发工作。著有《明长城考实》《瓦合集——长城研究文论》《守望长城——董耀会谈长城保护》《长城：追问与共鸣》《长城文化经济带建设研究》等专著10余部。

长城两边是家乡

董耀会

2023.1.4

张玉坤

内蒙古卫视大型文化综艺节目《长城长》文化解读官，长城建筑专家，天津大学建筑学院教授、博士生导师。

在长城的保护工作上，我们从2007年到2009年在全国15个省（自治区、直辖市）做了资源调查。在资源调查的基础上，我们又组织编写了《全国长城保护总体规划》，目前正在做的工作是关于长城国家文化公园的。长城国家文化公园有五大工程：保护传承、研究发掘、环境配套、文旅融合、数字在线。这些工作目前都在积极地推进中。长城的五大工程要实施好、贯彻下去，需要广大群众响应长城保护的号召，《长城长》这个节目就是一个很好的桥梁，可以让大家了解长城知识、学习长城智慧、弘扬长城精神。大家共同行动起来，才能使长城精神进一步发扬光大。

王纪言

内蒙古卫视大型文化综艺节目《长城长》文化解读官,原凤凰卫视中文台台长,中国传媒大学资深教授、博士生导师。

我去过联合国的大厅,里面有一面很大的墙,墙上挂着的一个大壁毯一看就是来自中国,为什么呢?因为上面织着长城,全世界都认为长城是中国的象征,中华民族是戴了长城徽章的民族。作为媒体人我知道,长城是中国媒体永恒的主题。20世纪90年代初,中国拍摄了第一个以长城为主题的纪录片,它的引片用了信天游——高亢嘹亮、深沉委婉。

歌词只有四句:

一步步地走进你,不知道你在我身边;

一步步地离开你,才知道你在我心间。

我觉得这四句词是对我们的警示,因为我们还没有真正读懂长城,我们需要进一步去发现和认识长城,再一次读一读长城这部常读常新的书。

王仁芳

内蒙古卫视大型文化综艺节目《长城长》文化解读官,长城专家,宁夏文物考古研究所副主任。

长城具有各种各样的形态,也具有各种各样的功能,长城为我国各民族的融合发展做出了重要贡献。长城是古人留给我们的宝贵财富,我们一定要增强保护长城的意识。

解丹

内蒙古卫视大型文化综艺节目《长城长》文化解读官，河北工业大学建筑与艺术设计学院副教授。

昭君出塞的故事家喻户晓。在昭君和亲之后的60余年间，汉匈之间交往不断，社会经济高度融合，出现了"数世不见烟火之警，人民炽盛，牛马布野"的盛况。著名历史学家翦伯赞认为，王昭君已经不是一个人物，而是一个象征，一个民族友好的象征。

王昭君的故事流传千年，至今依然在耳畔回响。昭君出塞更是一曲民族融合的赞歌，和平、安定、交流、繁盛，一切因为交融而焕发出勃勃生机，而这样的交融，还将延续下去。

目录

壹 长城长，长城长万里

长城一词最早在哪出现？ 003

万里长城，究竟修建了多少年？ 006

中国哪个省（自治区、直辖市）境内长城最长？ 007

司马台长城为何堪称中国长城之最 009

《世界遗产名录》中，它是 001 号 011

最古老的长城与"风马牛不相及"的渊源 013

长城一个很重要的姿态就是交往 015

山东修长城很"奢侈"，用的是泰山石 017

长城是怎么过河的？ 020

长城建造中酷到不行的"黑科技" 023

你知道长城的军堡怎么排序？ 026

在修建长城的队伍中还有山羊？ 027

别小看这些细沙，它可算是古代版的侦察雷达 029

古代如何检验"豆腐渣"工程 031

修建在草原上的万里长城——金长城 034

在地球的另一端，也有长城 037

在万里长城的讨论中，我们想起了罗马 039

中国雄关，不止山河壮丽！　　　　　　　　　　　　041

谁是万里长城第一关？　　　　　　　　　　　　　　　041

不到长城非好汉，竟然不是在说八达岭长城　　　　　043

古代人"出入境"，也要有"护照"　　　　　　　　　045

在嘉峪关以石击墙有燕鸣声，背后故事唯美动人　　047

孟姜女到底在哪"哭倒"了长城？　　　　　　　　　049

中华龙图腾为多部落符号之集大成　　　　　　　　　050

慧眼识将！初次见面林则徐便认定左宗棠将"西定新疆"　051

"烽火信号传递操作手册"了解一下　　　　　　　　055

它是长城雄关之一，却不叫"关"　　　　　　　　　056

从柳条边厘清一个概念，原来不少人都误解了"封建"　057

带兵打仗的硬核公主，娘子关因她得名　　　　　　　059

全球十大最酷马拉松之一的举办地：黄崖关长城　　061

贰 长城长，长城长千秋

见证了举世闻名的发现　　　　　　　　　　　　　065

"中国"一词是从哪里来的　　　　　　　　　　　　065

居延汉简中竟然有九九乘法表　　　　　　　　　　　067

按图索骥！《水经注》为阴山岩画的发现标出线路图　069

现在的景区导览图原来古人早就在用了　　　　　　　073

目录

一封未寄达的千年古信札 075

梁思成、林徽因夫妇的一次传奇发现狠狠打了日本人的脸 076

明朝灭亡竟和一位快递员失业有关? 078

一眼千年,敦煌何以辉煌?世界四大文明在此交汇 081

莫高窟的魅力有多大? 083

"红脸蛋"怎么画?"红脸蛋"这么画! 086

美国联邦最高法院门楣上的三座雕像,其中竟有一位中国人 088

甲骨文"长"图解 090

不会改良毛笔的"工头儿"不是好将军 092

诗人们的边塞理想 093

古人告别长安,仪式感满满 093

唐人七绝压卷之作,王昌龄《出塞》到底有多绝? 097

高适:因军功而封侯的边塞诗人 099

"人歌小岁酒,花舞大唐春",这是渐冻症诗人笔下的盛唐气象 100

从陆游诗词看文人气度:也许现实很骨感,但是永远不会放弃理想的丰满 101

短小《敕勒歌》何以见识中国诗歌之伟大 103

"黄沙百战穿金甲"的科学性在哪? 106

长城与黄河的"握手" 107

"三过家门而不入"的传说,原来还跟老牛湾有关 107

山海之间生生不息 — 109

品尝美食、不劳作？二月二原来是这么回事 — 109

翦伯赞用现代汉语写七绝，竟毫无违和感 — 111

阳刚又梦幻的冶铁行业仪式感——长城铁花 — 112

郦波：戚继光凭这两本军事著作能在国防科技大学评教授 — 114

康熙用自己的方式构建了一道独特的"长城" — 118

中国1584条成语典故出自这个地方 — 120

烽火戏诸侯：褒姒"背锅" — 122

长城边的这次战役我们都该铭记 — 123

"万里长城万里长，长城外面是故乡"抗战歌曲也可以很有爱 — 129

长城脚下看冬奥 冬奥赛场看长城 — 131

冬奥会项目源远流长，原来中国古人早就玩过了 — 131

一个多世纪后，詹天佑在长城上的临终遗言实现了 — 133

吉祥物"如意"的逆袭之路 — 135

内有乾坤！长城墩台的作用才不止瞭望那么简单！ — 137

叁 长城长，长城两边是故乡

神奇的400毫米等降水量线 — 141

"走西口"背后的气象学解释 — 142

目录

为什么当时的山东人没有下江南而去闯关东,怕内卷呀!   146

一条以长城为坐标的"文明之路"——丝绸之路   **149**

长城护卫河西走廊   149

名字对人生也有某种隐喻?本名"走不远"的张骞却打通了西域之路   153

儒将班超一生传奇   154

世博会原来是隋炀帝创办的   155

广告的鼻祖竟然是姜子牙   157

古代也有"女汉子"忠义不逊大丈夫   158

《木兰诗》可没说木兰姓"花"   161

四大美女、四大才女都是"成团出道"   162

古人用"胡""番""洋"给外来蔬果起名,方便判明来路   164

唐僧西天取经的时候,看见过长城吗?   166

"偷渡"来到中国的地瓜竟是清朝人口增长的"大功臣"   170

冰激凌的鼻祖酥山,唐代的壁画上早就有记载   172

胡椒在唐朝可以抵工资,连宰相都囤货   175

葡萄酒——元代祭祀太庙指定用酒   176

和亲往事   **178**

"昭君自有千秋在,胡汉和亲识见高。"   179

昭君出塞最不可能携带的家具是什么?   182

何以解忧，唯有杜康？解忧公主的圆满人生真跟杜康没关系	185

长城边上的生意经   **189**

长城沿线的"马市"对民族融合有多重要	189
在马市，有的东西可不能随便买卖	191
南茶北进，才有了你们心心念念的奶茶	193

今天为什么需要长城   **196**

"爱我中华，修我长城"凝聚国人共识	196
如果外国元首也有朋友圈，这里是他们最爱晒的打卡地	198
徒步走完中国长城的外国人宣传长城有多拼	200
辽宁开采出单体118吨玉石，为什么用来雕长城？	201
《万里长城永不倒》——武学救国的启蒙	203
这是国家的歌，人民的歌，永远激励中华儿女前进、前进、前进进	206

肆 附录

长城资源调查人	211
《长城长》节目主持人	213
《长城长》节目主创人员	217

1987年12月，长城作为我国第一批世界文化遗产被列入《世界遗产名录》，它是001号。

我国历代长城总长度21196.18千米，包括长城墙体、壕堑、单体建筑、关堡等。长城的修建经历了2200多年，长城资源主要分布于北京、天津、河北、山西、内蒙古、辽宁、吉林、黑龙江、山东、河南、陕西、甘肃、青海、宁夏、新疆15个省（自治区、直辖市）。

内蒙古自治区内长城墙体调查总长度为7570千米，位居15个省（自治区、直辖市）第一，分布于全区12个盟市的76个旗县。内蒙古自治区拥有战国、秦、汉、北魏、西夏、金、明等11个历史时期的长城遗迹，建筑形式多样。

长城像一条长长的线将所经之处联系在一起，使不同的民族和文化元素融合在了一起。

长城长

长城长万里

壹

长城一词最早在哪出现？

长城作为"地标"和"符号"会出现在古代舆图（即地图）中。现存最早的画有长城的舆图是什么年代的？

A 唐代　　　**B** 宋代　　　**C** 明代

正确答案是：B 宋代

　　南宋时期的石刻地图《华夷图》是刻在石碑上的地图，从这张图上我们可以看到古人使用一些非常简单的符号、线条勾画出了山川河流、城池州县，特别形象，其中形似城垛口的长城符号形态到现在仍被沿用。《华夷图》是中国现存最早的一幅全国地图，也是最早标记长城的一张地图。**（解丹）**

　　在考古发现的青铜编钟——骉羌钟上，最早出现"长城"一词。一般的青铜器铭文字数不是特别多，但是骉羌钟的铭文有 61 个字，主要记录了公元前 404 年韩国将领骉羌统率军队征伐齐国的战争，铭文记载："骉羌作戎，厥辟韩宗徹率征秦、迮齐，入长城，先会于平阴。"意思是骉羌攻破了齐长城。

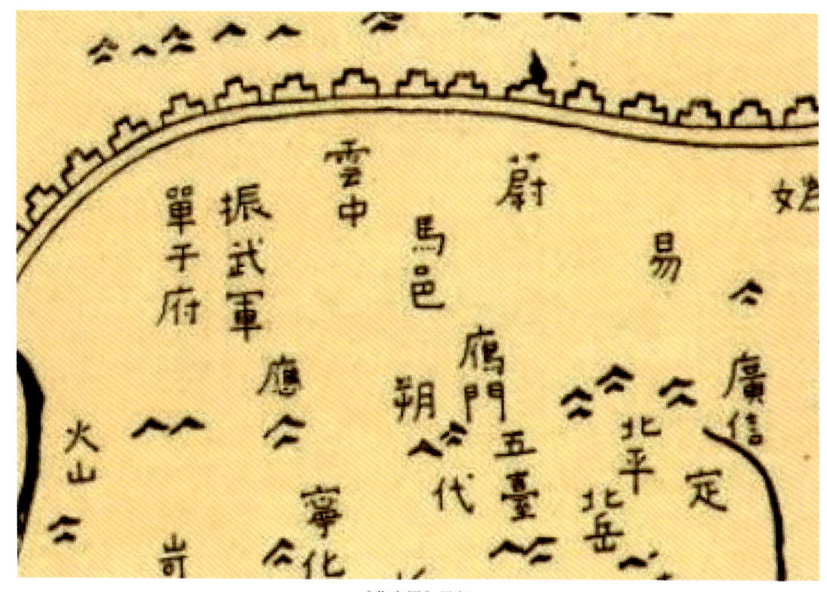

《华夷图》局部

"长城"这两个字就在这个钟鼎铭文上出现了,或许我们以为这是最早出现的,但清华简里还有更早的明确记载:"齐人鄾始为长城于济。"这里记载的时间比骉羌钟还要早 38 年左右,所以,文献中"长城"一词的出现其实是非常早的。(郦波)

明长城总长度为 8851.8 千米,它西至嘉峪关,东起哪里?

A 山海关 B 鸭绿江 C 老龙头

正确答案是:B 鸭绿江

中国历史文献记载的长城,明朝之前的都是从西往东说。比如秦始皇万里长城,说"起嘉峪关""起临洮至襄平""起临洮至辽东",燕长城也是说"起造阳至襄平",都是从西往东说。这是为什么呢?因为当时政权的核心区在西边。到了明朝,北京成了都城,政权的中心位置就在东边了,所以就有了东起鸭绿江,西到嘉峪关的说法。后来清朝的政治文化中心依然是北京,长城就说成了东起山海关、西至嘉峪关。(董耀会)

唐朝是一个中原王朝,为什么不修长城?因为当时一个很重要的思想是以人为城。唐太宗时期来自突厥的军事压力很大,很多朝臣建议修长城。唐太宗不同意,他说隋朝修长城劳民伤财,让李世勣驻守并州胜过修长城。李世勣就是我们民间说的徐懋功。所以,秦汉有万里长城,是以城为城;唐朝以李世勣为城,包括南朝以檀道济为城,这叫以人为城;清朝呢,"明修长城清修庙",就是说清朝以庙为城;现在,"把我们的血肉筑成我们新的长城",这叫以精神为城。从以城为城到以精神为城,长城的军事意义可能越来越小,但是长城的精神力量却越来越大,这才是我们新的长城。(蒙曼)

嘉峪关俯瞰图　　　　　　　　　摄影 / 董旭明

万里长城,究竟修建了多少年?

我国长城修建的历史总计多少年?

Ⓐ 2200 年左右　　Ⓑ 1600 年左右　　Ⓒ 3100 年左右

河南省方城县战国楚长城尧山城堡及墙体　　摄影/董旭明

正确答案是:A 2200 年左右

我国目前可考的最早长城为楚长城和齐长城,始筑于公元前六七世纪;而最晚的明长城一直修建到明末,时间跨度长达 2200 年左右。

说到万里长城的源起,根据文献或者从文物骉羌钟上的铭文记载,我们知道最早的长城是齐长城;在时间上,我们推断楚长城应该更早一些,到秦汉时期实际上已经是标准的万里长城了。陆游《书愤》中的"塞上长城空自许"引用的典故就是南朝时期宋文帝要杀檀道济的时候,檀道济说"乃坏汝万里长城",这里已经明确地提出了万里长城的说法,说明秦汉时期已经是万里长城了。到了隋代,隋文帝、隋炀帝更是把西起榆关到紫河的长城

都连起来了。唐代确实没怎么修长城。到辽金元时期，我们知道的金界壕非常有名，金界壕蒙古语叫和日木，意为"墙"。那么宋人有没有修长城呢？宋人丢了燕云十六州，是不是就没有必要修了呢？其实宋人也修了一段，在山西忻州的岢岚县，不仅有实物证据，还有文献证据——宋代的《武经总要》里就说"草城川口阔一里余，川口有古城。景德中筑长城，控扼贼路"。还有一个重要的证据，就是有一篇欧阳修写的公文叫《乞免差人往岢岚军筑城》，明确地说"令于河北差兵士二千人往岢岚军修城"，就是指修长城。所以，长城见证了中华民族的沧桑变化。(郦波)

中国哪个省（自治区、直辖市）境内长城最长？

我国的长城资源分布于现今的多少个省（自治区、直辖市）？

Ⓐ 11个 Ⓑ 15个 Ⓒ 29个

正确答案是：B 15个

我国的长城资源分布于北京、天津、河北、山西、内蒙古、辽宁、吉林、黑龙江、山东、河南、陕西、甘肃、青海、宁夏、新疆15个省（自治区、直辖市）和404个县（市、区、旗）。这个数据来自于2016年国家文物局发布的《中

国长城保护报告》,是目前较为权威的数据。长城长,长城像一条长长的线,所经之处,将 15 个省(自治区、直辖市)联系在一起,将不同的民族和文化元素融合在一起,形成了以长城为中心的长城文化。

哪个省(自治区、直辖市)境内的长城最长?

A 内蒙古   **B** 甘肃   **C** 河北

正确答案是:A 内蒙古

长城经过了 15 个省(自治区、直辖市)和 404 个县(市、区、旗),从战国到近代各个年代都有。在内蒙古境内的长城有 7570 千米,位居全国第一,分布于全区 12 个盟市的 76 个旗县。内蒙古有建于战国赵、战国燕、战国秦、秦代、西汉、东汉、北魏、北宋、西夏、金代、明代 11 个时期和朝代的长城资源,建筑形式丰富。

内蒙古自治区根河市辽代长城黑山头段　　　　摄影/董旭明

内蒙古的长城资源丰富，我国历史上多个时期的长城都可以在这里见到。如果你到鄂尔多斯，可以看到以下哪段长城？

A 战国秦长城　　B 小佘太秦长城　　C 战国燕长城

正确答案是：A 战国秦长城

在鄂尔多斯市的伊金霍洛旗，有秦始皇的曾祖父——战国秦昭襄王时期修建的城墙，现在存留着一段百米左右、保存完好的段落。这段用石片堆起来的、中间既没有用泥也没有用白灰的城墙历经2000多年不倒。

说到鄂尔多斯的秦长城，我要捎上鄂尔多斯的秦直道，因为秦直道修建的用工、规模、历史价值都不在秦长城之下，可以算是世界上最早的高速公路了。它从秦都城咸阳到九原郡（今包头市境内），长达900千米。据考证，昭君出塞走的就是秦直道。特别让我感动的是，在陕西到甘肃之间的分界线有一个子午岭，上面还保留着非常好的古道，可以一直通到陕北。抗战时期内蒙古的进步青年就是沿着这条古道到达了延安，他们在那里开始了一段激情燃烧的岁月。（王纪言）

司马台长城
为何堪称中国长城之最

著名古建筑大师罗哲文曾说："中国长城是世界之最，司马台长城堪称中国长城之最。"请问，下面哪张图片是司马台长城？

摄影 / 董旭明

正确答案是：A

司马台长城距离北京 120 千米，紧邻古北水镇，坐落于燕山山脉。司马台长城依险峻山势而筑，以险、密、齐、巧、全五大特点著称于世。司马台长城东起望京楼，西至后川口，全长 5.7 千米。鸳鸯湖水库将该长城分为东西两段，东段有敌楼 16 座，西段有敌楼 19 座，共计 35 座（包括已毁水中一座）。

司马台长城敌楼中最具代表性的就是望京楼，是司马台和古北口一线长城的最高点。为什么叫望京楼呢？因为从前站在这座楼上依稀可见京城的轮廓，夜晚还可以看见京城星星点点的灯火，故此得名"望京楼"。

现在我们从北京出来走在京承高速上，第一眼就能看到远远山梁上的司马台长城。它就像从山顶上长出来似的，与山完全融为一体。司马台长城非常险、非常陡峭，站在望京楼上，目光所及最远处的山上都能看到长城，不但能看到金山岭、古北口，往东还能看到雾灵山上的长城，我们会真正地感受到长城的长，所以著名古建筑学家罗哲文先生这样评价它。**（董耀会）**

 ## 《世界遗产名录》中，它是001号

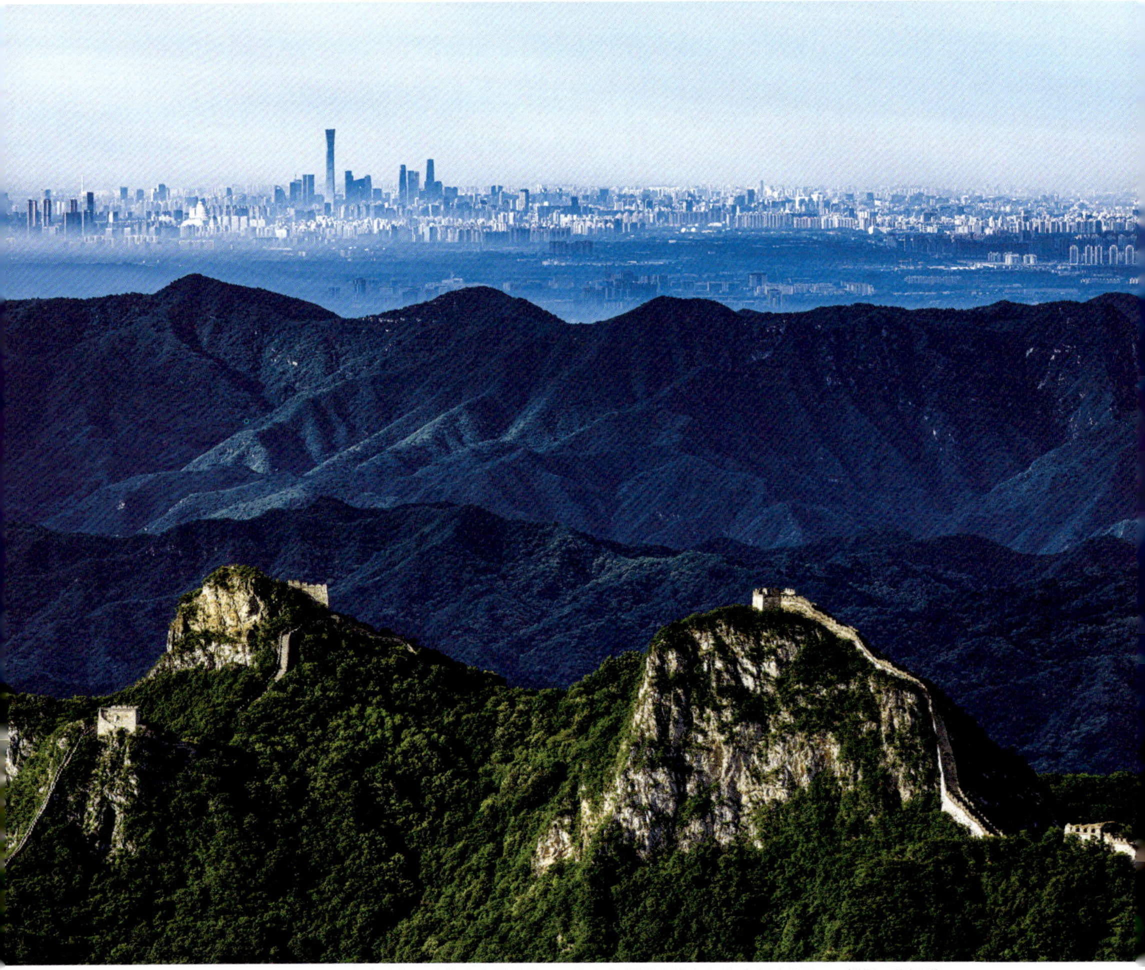

北京市延庆区火焰山京畿雄关，正如古人所说"神京在前，宫阙在目"　　摄影 / 董旭明

长城在哪一年被联合国教科文组织世界遗产委员会列入《世界遗产名录》？

A 1986 年　　**B** 1987 年　　**C** 1988 年

正确答案是：B 1987 年

世界遗产委员会隶属于联合国教科文组织，是在 1976 年成立的，在成立之时建立了《世界遗产名录》。长城在 1987 年 12 月正式作为我国第一批世界文化遗产列入《世界遗产名录》。在这个过程中，整个遗产委员会对我们长城本身的历史地位是高度认可的，当时是全票通过。这些年我们国家还有很多优秀的文化遗产，如故宫、秦始皇陵、敦煌莫高窟、周口店北京人遗址等，相继列入《世界遗产名录》。**（解丹）**

我要说的是除了联合国教科文组织评选以外的一次民间大评选。葡萄牙想发动一个世界网民共同参与的世界新七大奇迹的评选活动。他们让全世界的网民投票，从当时票数最多的 77 个建筑中选出 21 个。当时的评选活动引起了我国媒体的关注，我们就在节目中对国人稍稍进行了动员，结果在 2007 年里斯本的颁奖典礼上，我们的万里长城以第一名列入世界新七大奇迹，这说明我们国人对长城、对中华的热爱。

为什么会有新七大奇迹的评选呢？因为 2001 年世界著名文化遗产阿富汗的巴米扬大佛被炸，所以葡萄牙人觉得要唤起所有人来关注世界文化遗产。评选出来的世界新七大奇迹是中国的万里长城、约旦的佩特拉古城、巴西的基督像、秘鲁的马丘比丘印加遗址、墨西哥的奇琴伊查库库尔坎金字塔、意大利的古罗马斗兽场、印度的泰姬陵。通过这个评选能看出，我们的万里长城在世界各国人民，特别是年轻人的心目中，是一个文化高地、一个文明高地。**（王纪言）**

最古老的长城与"风马牛不相及"的渊源

河南省长城资源调查人李一丕说:"楚长城始建于公元前7世纪,距今已经有2600多年,是最古老的长城之一。楚长城系列建筑中以关城为主体工程,利用山河的险峻地势为城,石城墙均为干垒石修建而成。楚长城与以后的秦、汉、明时期的长城相比,比较原始、古朴、单调、粗糙、笨拙。一座楚长城,半部春秋史。楚长城见证了时代变迁和中华多民族文化生活的交融。请问,史料记载中,楚长城也被称为什么城?"

A 寰城　　　　**B** 方城　　　　**C** 边城

河南省长城资源调查人 李一丕

河南省楚长城　摄影/董旭明

正确答案是:B 方城

　　河南省的长城被认定为楚长城,那么春秋时期的楚国为什么要修长城?其实,楚国地处当时的蛮夷之地,不是典型意义上的中原诸侯国。随着楚国日渐强大而且不断向北发展,就对中原的诸侯国造成了威胁。于是,春秋五霸的首霸齐桓公联合其他诸侯国一起遏制楚国向北发展的势头,双方在方城兵戎相见,就是现在河南省南召县的位置。最后双方通过谈判达成了协议，楚国收敛向北扩张的势头，楚国将军屈完明确表示：如果齐桓公以德服天下的话，那我们都服他；但是如果他想用武力，那么楚国有"汉水以为池，方城以为城"，意思是说齐桓公是打不赢的。双方谈判以后齐桓公撤兵，但是楚国已经获取了南阳盆地（南阳现在还是全国商品粮、油、棉、烟基地之一），肯定不能放弃，所以楚国在南阳盆地的边缘从伏牛山到桐柏山修建了这么一道长城，保护已经获得的南阳盆地，今天我们叫楚方城。**（董耀会）**

我觉得修筑长城是中国人解决问题的一种方式，从技术层面上讲，它开始是为了抵御进攻，起到一个缓冲带的作用，但是在后来发展的过程中，它的作用超越了原来的设想。

董耀会老师讲的"汉水以为池，方城以为城"这段故事中，齐桓公带着诸侯联军讨伐楚国的时候，当时屈完说了一句话把齐桓公和管仲都给说蒙了，他说完这句话之后才说"汉水以为池，方城以为城"。那么他说了一句什么话呢？就是我们今天还经常说到的"风马牛不相及"，意思是咱们各自过安稳的日子不好吗？为什么说这句话让齐桓公答不出来，让管仲脸都白了呢？因为屈完说得太露骨了，这句话运用文字训诂学理解为：春天的时候牛和马发情乱跑都不会从你齐国跑到我楚国来，你带这么多人跑到我这里来干什么？然后才讲要和谐共处。因此，我们今天再看长城的作用，是不是从开始的抵御进攻慢慢地变成了和谐共处，这就是中国人的思维方式。**（郦波）**

长城一个很重要的姿态就是交往

宁夏素有塞上江南的美誉，黄河文化、西夏文化、丝路文化在这片土地上交相辉映。说起宁夏的长城雄关就不得不提长城关，它是万里长城中唯一以长城命名的关口，位于盐池县。这里曾因长城脚下的买卖城、花马池而闻名天下，千百年来各民族在此交易互市，商贾往来不绝。如今宁夏作为中国阿拉伯国家博览会的永久举办地，成了中阿共建"一带一路"的重要平台，书写着中外交往的全新历史篇章。唐代时我国的丝绸、瓷器等商品与文化就是通过当时的阿拉伯帝国走向世界的。请问，阿拉伯帝国在唐代时的名称是什么？

A 大食   **B** 安息   **C** 贵霜

正确答案是：A 大食

唐朝、宋朝都称阿拉伯帝国为大食，但是两个大食又不一样。根据中国文献记载，历史上出现的大食有三个，分别是白衣大食、黑衣大食和绿衣大食。这个怎么区分呢？661年到750年建立的大食——倭马亚王朝，崇尚白色，他们的衣服和旗帜都尚白，所以叫白衣大食。750年之后建立的大食——阿拔斯王朝，旗帜和服色都尚黑，所以叫黑衣大食。后来从黑衣大食中分离出去一些人，他们是什叶派，在北非建立了政权，因为服色尚绿，就叫绿衣大食。所以我们中国古代就是按照颜色来给它们做了一个区分。阿拉伯人当时不仅在军事上扩张，在文化上也非常奋进，有那种海纳百川的精神。比方说在大食建立之前的穆罕默德时代，他就说过一句著名的话："知识即使远在中国，

宁夏回族自治区明长城青铜峡段　　　　摄影 / 董旭明

宁夏回族自治区海原县盐池护盐堡　　　　摄影 / 董旭明

亦当往求之。"他是非常愿意吸纳全世界的先进文化的。咱们和白衣大食离得比较远，所以没有什么特别直接的交往。黑衣大食于750年建立，我国唐朝在751年就在葱岭跟他们打了一仗——达沃斯之战。达沃斯之战造成的一个直接的后果就是造纸术传到了阿拉伯地区，又从阿拉伯地区传到了欧洲，由于各种机缘促成了后来的文艺复兴。就这样，西方走向近代的一个推手就出现了，这是世界文化交往的成果。所以我们现在讲长城长，长城一个很重要的意义是交往：国内中原民族和游牧民族的交往，还有沿着丝绸之路走出去的国际交往。我们现在把这道关于长城的题落脚在大食这儿，其实也是歌颂人类历史上长长久久的交往。（蒙曼）

山东修长城很"奢侈"，用的是泰山石

山东省长城资源调查人王永波说："我是王永波，我在山东齐长城之上。齐长城是齐桓公在位期间修建的，从长清广里到青岛黄岛区于家河，也就是胶州湾的西岸，临海全长620多千米。齐长城长清段是齐长城的起始部分。齐长城沿着鲁中山地蜿蜒盘旋，跨越150多座山峦、17个县市。整个长城就地取材、因地制宜，山间、平地、山谷用石头、夯土构筑，山坡、山顶用石块垒起。请问，图中的这一段长城是用什么材质建造的？"

A 泰山石　　　　**B** 青石　　　　**C** 青砖

济南市长清区齐长城钉头崖段　　　　　　　　　　摄影／董旭明

山东省长城资源调查人王永波在齐长城遗址

正确答案是：A 泰山石

　　这段长城叫钉头崖长城。齐长城从长清的黄河边经过泰山，跨过泰山后经过沂山，过了沂山到胶南丘陵地带，通过胶南的丘陵地带又到青岛的海边，整个这一路下来的长城所用建筑材料，既有从泰山上采下来的一般石头，也有很多堪称艺术品的泰山石。因为那时候的泰山石是没人收藏的，在开采时或者在河床里捡的过程中，就当一般石料给垒上了，在这个城墙上有很多真

正属于收藏品的泰山石。此外，还有唐山的大理石长城，是用大理石修筑的。有人说："这太奢侈了吧？"其实是由于它的整个山平梁上全是大理石，就地取材，开采下来就直接垒上了。（董耀会）

说到泰山，它不光是一座自然之山，更是一座文化之山，它有这么高的地位，不得不说的是封禅文化。为什么要在泰山封禅呢？所谓"泰山岩岩，鲁邦所詹"，只是在当地来看它很高，如果与珠穆朗玛峰比它肯定不算高，那么为什么人们就把岱宗的位置冠给了泰山？其实是因为在春秋战国时期人的流动范围还不像现在这么广，虽然孔子也周游列国，但实际上人们还是对本地的认知更多一些。齐鲁当地的儒生、阴阳家们认为泰山非常高，然后搞出了封禅文化。后来秦国把齐灭了，但实际在文化上秦始皇又被东边这些文化深深吸引，所以当秦始皇当了皇帝之后，齐鲁儒生就提出要封禅。泰山是最高的，要在泰山封禅。除了武则天封嵩山之外，其他的朝代一直到宋朝都是在泰山封禅。封禅就是祈求国运，实际上就是一种寄托和希望。

我觉得中国古人还赋予泰山一种包容的精神，李斯讲"泰山不让土壤，故能成其大"（意思是泰山不排除细小的土石，所以能那么高），这就是包容的精神。中国文化也有这样的包容精神，所以现在的泰山上，儒、释、道三家都能找到自己的位置。泰山还被赋予奋发昂扬之志，孔子讲"登东山而小鲁，登泰山而小天下"，后来杜甫追踪圣人之志讲"会当凌绝顶，一览众山小"。我想因为泰山有这样一些精神——国泰民安的精神、有容乃大的精神、奋发有为的精神，所以泰山在中国传统文化中为神圣之山。（蒙曼）

 长城是怎么过河的？

山西省平定县固关东水关　　　　摄影／李哲

辽宁省长城资源调查人张恺新在辽宁省绥中县的九门口长城

辽宁省长城资源调查人张恺新说："这里是位于辽宁省绥中县的九门口长城。九门口长城从山上延伸到九江河上，筑起了一段100多米的跨水城桥，因城桥下有九座泻水的城门而得名。九座城门位于两山河谷之间，形成了独特的水上长城。这里既有巍峨的山,又有清莹的水。九门口的城门也是闸门,丰水期开闸放水,作战时落闸防卫,这种精巧的设计,使九门口长城成为水利和军事两用建筑。绝大部分长城是遇山不断、遇水则止,也就是说长城大部分建造在山脊之上,因为河流本身就是防卫的天然屏障,而九门口长城关隘直接修筑于九江河之上。请问,下列哪个选项不是九门口长城巍然屹立于河流之上成为稳固屏障的原因?"

A 铺筑条石　　**B** 城墙墙体厚　　**C** 九道水门

正确答案是:B 城墙墙体厚

  九门口长城的结构在整个长城中是罕见的,这个结构使九门口长城屹立不倒。九门口长城水门之下叫九江河,九江河宽百余米。在九江河之上铺着 7000 平方米的过水条石,过水条石是纵向铺设的,在它的边缘和桥墩的周围用铁水浇筑,它有个专用名词叫银锭扣。它实际上是历史上非常著名的一片石结构,通过"一片石"这个词也可以看出,这样的浇筑结构使整个水门非常稳固,在水流的冲击下能保证基础完整和结构稳定。除此之外,九门口长城有 9 个水门,每个门宽 5 米。我们都知道对于水来说是宜疏不宜堵,通过这样的设置,利用 9 个门的疏通使得水流对长城的冲击力变小。所以,稳定的一片石结构,加上 9 门对水流的疏导,造就了九门口长城百年屹立不倒的奇迹。**(解丹)**

九门口水关　　　摄影 / 李哲

八达岭水关　　　摄影 / 拓晓龙、李哲

明代长城穿越海河流域的众多细小支流,一般都会跨越河道建设水关长城。如果在水流湍急、河底满是淤泥的河道建水关,作为大宗物料负责人,你会先准备什么建设材料?

A 木桩　　B 石块　　C 青砖

正确答案是:A 木桩

　　修建长城有时需要跨过河流,同时还要保证长城的防守作用,那么就需要做关,在桥洞安装闸门,这就是水关了。那么修建水关为什么要先准备木桩呢?因为水流比较湍急,还会有淤泥,放置石块会被冲走,而木桩比石块更容易被打入淤泥中。在河姆渡文化遗址中考古工作者挖掘出了许多木板和木桩,这是一种很古老的技术。在水上修建设施,把木桩打下去之后上面可以铺石板,木桩在下面形成密集的木桩群,对上面的石板起到稳固的作用。

（张玉坤）

长城建造中酷到不行的"黑科技"

下列哪个选项不是图中这个设施的作用?【见右图】

A 保护墙体　　B 饮马槽　　C 排出雨水

正确答案是:B 饮马槽

最长吐水　　　　　　　摄影 / 李哲、拓晓龙

马水口曲线优美的吐水　　　　　　　摄影 / 李哲、拓晓龙

这是长城建筑的构件问题，可以想象，长城在山脊上蜿蜒曲折，下雨以后两边的城墙就会形成一个水槽，如果没有排水措施，肯定是不行的。那么雨水怎么排出去呢？我们可以看到图中间隔很短的地方就有一道横沟，是一条狭长的凹地，整个墙面的坡度是外边高、里面低，它的作用是挡住水，然后水自然就顺着这个槽往低的地方流。此外，在内墙有个吐水嘴，是用花岗岩凿制而成的，垒墙的时候就已经垒到墙里了。那么这个吐水嘴的功能是什么呢？一是把水排出去，二是起到保护墙基和墙面的功能。试想，如果水长期往墙里浸，那么到冬天就容易冻胀，墙就很容易爆裂。如果水顺着墙的一个孔直接流出去，时间久了对墙面以及墙基都会造成损坏。所以让雨水顺着吐水嘴流到墙基下边的岩石上，它就不会威胁到墙体和墙基的安全了。

（董耀会）

如果你去甘肃、内蒙古、青海等地旅游，往往能在长城遗迹上看到伸出的尖利木条【见右图】，以下选项中，关于它的描述正确的是：

摄影 / 李哲

A 用以抵御敌军对墩台的进攻、攀爬

B 墩台废弃后被当地居民用作羊圈，为防御野兽而添加

C 墩台建造时，为使整体结构更加稳固而设

正确答案是：C 墩台建造时，为使整体结构更加稳固而设

汉时修建的墩台，在每层夯土之间会有一些拉筋，会用到红柳或者草，还有的里边要加一些石块等，目的就是使墩台更牢固。那么为什么伸出来的木条能跨越两千多年保留到现在呢？这是由于当地干旱少雨的气候。这种木条在学术上叫桎木，在语言学上有内在保持稳定的意思。（张玉坤）

我们知道有在各种地貌上修建的长城，不只在山上，还在平原、黄土高原、戈壁滩上，使用芦苇建筑墙体的这种形式，主要用于戈壁滩或荒漠地区。我们知道，长城的修建需就地取材，因为到很远的地方拉土的成本太高了，而戈壁滩的土都是沙性的，没有黏性，无法用于夯筑，怎么办呢？就铺上一层芦苇，再在芦苇上铺上一层沙土，然后再铺一层芦苇，当然沙土是要浸湿的。如今我们看玉门关，包括马圈湾、马迷兔长城的墙体都是这样的，能看到一层层芦苇的茬口。（董耀会）

你知道长城的军堡怎么排序？

明代在卫所制军事管理制度下出现了卫城、所城两种城池类型，而屯兵城系统的层级性使得防御单位出现镇城、路城、堡城三种城池类型，那么综

合起来军堡共有五种类型，按照规模从大到小一般为：

A 镇—路—卫—所—堡　　**B** 卫—镇—路—所—堡　　**C** 路—镇—卫—堡—所

正确答案是：A 镇—路—卫—所—堡

 在修建长城的队伍中还有山羊？

北京市怀柔区连云岭　　摄影/董旭明

自古以来，长城修建本着因势而建的原则，很多长城修建在山脉之巅，也正因地势险峻，修筑时人们会采用各种方式搬运材料。假设你是参与八达岭长城修筑的工匠，在搬运砖石的队伍中，你很可能见到什么动物？

Ⓐ 猴子　　　　**Ⓑ 山羊**　　　　**Ⓒ 马**

正确答案是：B 山羊

　　明长城很多修筑在崇山峻岭之上，运输材料极为不便。过去修筑长城的时候，最常见的是肩挑背扛，有时会用一些原木、滚木这样的工具，把一些沉重的材料搬到山顶上，有时还会通过动物运输，比如山羊。山羊非常善于攀爬，可以搭载多种类型的材料，包括修筑长城所需要的石材。（解丹）

下列哪个不是关于长城的民间传说或历史典故？

Ⓐ 玉兔捣药　　　　**Ⓑ 山羊驮砖**　　　　**Ⓒ 冰道运石**

正确答案是：A 玉兔捣药

　　山羊驮砖和冰道运石都是修嘉峪关的时候真实发生的，不是虚构的民间传说。因为修嘉峪关时运石料的马道非常陡，靠人力运上去非常难。山羊最擅长什么？爬悬崖如履平地！所以让羊把砖送上去，这是真实发生的事情。修嘉峪关的时候，标准的石块长 2 米、宽 0.5 米，厚度达到 0.3 米，这样的石料分量很重，凭人力没有办法往上运。有一个放羊的牧童，他的家人在那里修长城，他发现把砖放在山羊背上可以运到山上。而在冬天的时候泼水，形成冰道，也易于把石料运上去。不仅是我们中国古代建筑中有这些智慧，还有古埃及的金字塔，修筑时也有大智慧，所以不得不佩服古代人们的智慧。

　　（郏波）

别小看这些细沙，它可算是古代版的侦察雷达

汉代长城边防中有一类设施，是在地上撒上一层细沙，通过脚印或马蹄印了解敌人的行踪和人数。请问，它称为什么？

A 土河　　B 天田　　C 沙田

正确答案是：B 天田

汉代的时候，在长城之外铺上一层细沙，然后每天观察这些沙地有没有来往的脚印或者是马蹄印,以这种方式得知是否有匈奴来偷袭,然后做好记录,再把细沙抚平,第二天再去查,这叫天田,这种方式在居延汉简里记录得很详细。(张玉坤)

我们今人也许不太理解为什么要记录得这么详细,详细到多少马蹄印和多少人都要记录。其实是你不了解当时汉代的军制有多严格,举个例子大家就知道了,苏东坡的诗句"何日遣冯唐"用了一个典故:魏尚驻守边关,在一次作战后错报了6个首级,就被下狱了,冯唐向皇帝求情,皇帝采纳了冯唐的劝谏,派冯唐持符节到云中去赦免了魏尚。苏东坡当时也是因为文人党争被贬官,以魏尚自喻。我们从这个典故和居延汉简、秦简的记录中可以了解汉代军制的严格。(郦波)

明代长城戍边守军编制中有一种特殊的哨探,它有一个专门称谓叫什么?

A 夜不收　　　B 墩夜　　　C 探夜

正确答案是:A 夜不收

戍边守军中的哨探由于晚上可能回不了营地,所以被称为"夜不收"。《明实录》中有关夜不收的记载有140多条,专指"能深入虏营哨探得实"者,即能够深入敌境进行侦察活动的哨兵。戚继光的《练兵实纪》记载,每营设有夜不收50名。

 古代如何检验"豆腐渣"工程

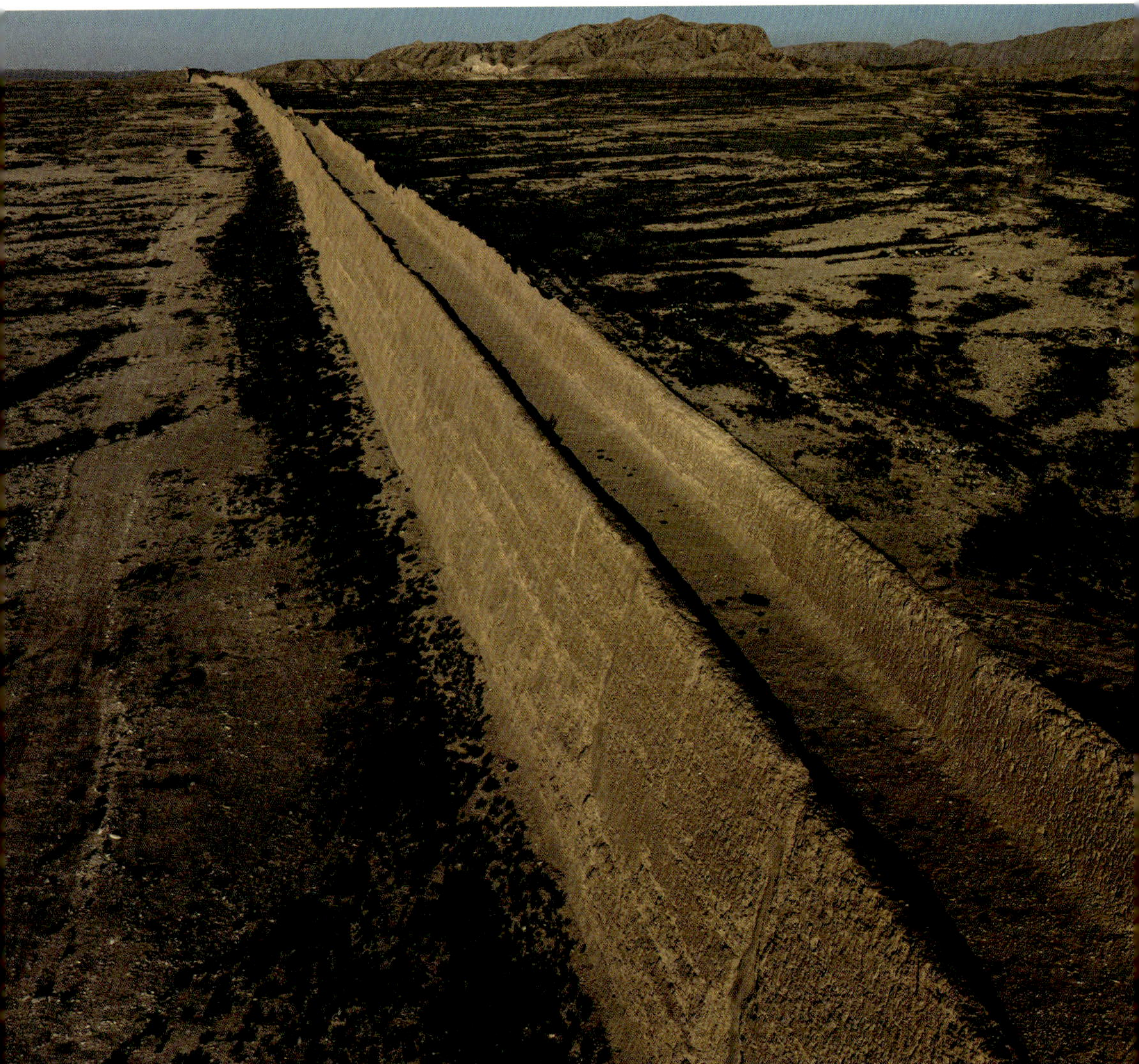

宁夏回族自治区明长城青铜峡段,是国内现存夯土长城保存最完好的部分

摄影 / 董旭明

嘉峪关以北的悬壁长城以奇、险著称，它是用以下哪种方式修筑而成的呢？

A 砌筑　　　**B** 夯筑　　　**C** 干垒

正确答案是：B 夯筑

　　砌筑是用砖、石、毛坯这些建筑材料垒砌；干垒是没有黏接成分，把石头干码上。砌筑和干垒都需使用建筑材料。嘉峪关的悬壁长城上那一道道痕迹不是石头，是夯筑的时候夹板儿留下来的夯层连接处，这是典型的夯筑墙。夯筑用老话说就是一尺打三寸，把土填一尺高之后夯实。中国历史上最有代表性的夯土城是统万城，统万城距今已经有 1600 多年的历史了。当时黄土夯筑的城修建好后怎么验收呢？就是选一批最壮的弓箭手，在一定的距离内射箭，如果箭射出去以后能扎到城墙上，那么就要把这个修城的人杀掉，因为箭能扎上去代表修的城墙不结实、不坚固。如果这一箭射上去没扎上，箭弹下来了，那么要把这个弓箭手杀掉，因为弓箭手的力度不够。所以说当时验收工作是非常残暴的。很多人在讲这个故事的时候就把它讲到了长城上，其实长城的夯土墙没有发生过这样验收的事。**（董耀会）**

金山岭长城有"三绝"，障墙、挡马石，另一个是什么？

A 雷石孔　　　**B** 文字砖　　　**C** 空心敌台

正确答案是：B 文字砖

　　河北省承德市滦平县境内的金山岭长城素有"万里长城，金山独秀"的美誉。金山岭长城最初是由明朝大将徐达主持修建的，后来戚继光进行了大

规模重修。金山岭长城的文字砖是数量最多的,这在万里长城中也是非常少见的。这些文字砖上记载着烧制城砖的年代和部队番号,如"万历五年宁夏营造""万历七年德州营造"等字样。还有一块石碑的碑文中记载着修筑一座敌楼的时间是万历三十七年。这些文物都证明戚继光是主持建造金山岭长城的最重要的一位将领。

刻印烧制城砖的年代和部队番号的做法,其实在中国古代是非常普遍的。比如南京明城墙,它是世界上现存规模最大、保存原真性最好的古代城市城墙,它的砖石把烧制时间、州府及工匠的名字都刻在了上面,可见当时的质量体系严格到了什么地步。(郦波)

戚继光要改变长城建造形制简陋、规格不一的问题,有什么办法呢?就是制砖。我们在拍摄纪录片《长城》的时候,曾经组织过扮演拍摄,其中让我感到热血沸腾的过程就是制砖的过程。烧制青砖的学问可大了,我们先组织大家和泥,然后把泥进行摔打,摔打完放入800℃高温的密闭空间,再经微火一个月、小火半个月、木炭三天三夜烧制,青砖就制造出来了。我印象最深的是2002年,在河北省抚宁县发现了50多座明代砖窑遗址,经过专家测量,遗址中青砖平均每块重约10.5千克,抗压强度达237千克。可以说把明代的青砖拿出来,我们现在的机械制砖可能比不过它。我们大概做了个测算,修筑1米砖砌长城大概需要15窑砖,再加上关城、墩台,平均1米用青砖22窑,戚继光修建的1500千米明长城,如果有百分之十用砖砌的话,那么使用的青砖总量能达到15亿块,所以说长城上的每块青砖都是中华民族的血汗结晶和东方古老文明的精粹。(王纪言)

修建在草原上的万里长城
—— 金长城

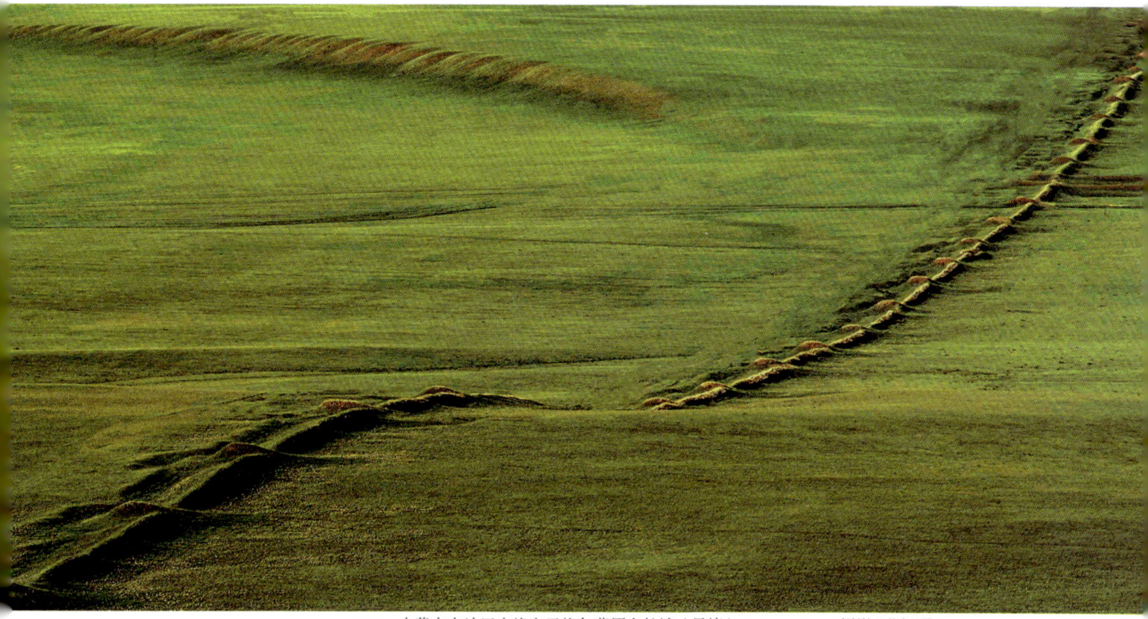

内蒙古自治区赤峰市贡格尔草原金长城（界壕）　　摄影／董旭明

根据现有考古调查情况可知，在东北地区修筑过长城的是中国的哪个朝代？

A 金代　　B 宋代　　C 元代

正确答案是：A 金代

　　金长城又叫金界壕。茫茫草原，无险可守，金界壕修成了一道深深的沟壑，主要分布在内蒙古自治区和黑龙江省境内。这段墙壕长达4010.48千米，占长城总长的五分之一，它也是在我国历史上分布最北的古代长城。

黑龙江省龙江县金长城碾子山段（在长城一侧种植林木是阻挡骑兵的重要手段）　　摄影／董旭明

黑龙江省现保存有唐代、金代的长城，分别是唐代渤海国长城——牡丹江边墙、金代长城——金界壕遗址（黑龙江段）。金长城建于公元 12 世纪，当时主持修建这段长城的皇帝是完颜阿骨打。现今在长城遗迹的周围划定区域修建起了长城纪念公园，公园广场上是金朝开国名将婆卢火的雕塑，这位名将是金长城建造第一人。金长城是中国古代民族文化融合的实证。请问：金长城有很多种称谓，下列哪组称谓是正确的？

A 壕堑、界壕、边堡　　B 屏障、壕堑、壕垒　　C 界墙、壕垒、土壕

正确答案是：A 壕堑、界壕、边堡

金长城与其他朝代的长城最大的区别是：其他朝代的长城即便是在内蒙古自治区也大多会找有高地的地方修建，比如说高山上，或者是丘陵的岭坡之上，一定要选择易守难攻、有利于防御的地势修建。可是金长城恰恰就修建在大草原上。中国的长城有四道是超过万里的长度，人们知道有秦始皇的万里长城、汉代的万里长城和明代的万里长城。汉代的万里长城是中国历史上修建的最长的一道长城，单线长度接近 10000 千米。我们知道的山海关、八达岭、嘉峪关都是明代的万里长城。而人们往往忽略的是金代的长城，它累计长度也超过万里，但人们为什么会忽略它呢？因为在地图上看它就是几道线，这是什么原因呢？因为在修筑金长城的时候，如果之前的一道壕沟被淤堵了，那么人们会在它的后面再挖一道，久而久之被淤堵的壕沟就看不出来了，只剩下最后修的那段，而且有的地方是在同样的这条线上，所以感觉上金长城好像不够万里，容易被忽略。

为了设防，金长城最多的地方修筑了五道防线，就是挖了五道壕。我们请了牧民进行测试，用最好的马看看能冲过去几道壕，结果只能冲过三道壕。这五道壕中的最后一道壕不只是壕，是把挖出来的土堆到了里侧，又从外面运来很多土，这样垒起来的高度还是很高的，就算敌人最后能冲到墙下也已经没有战斗力，而这时候再想回去也不行了，只能被动挨打。所以说金长城的防御性还是非常好的。

金长城还有一个特色是马面（所谓马面，就是临敌方向的墙体凸出来的一个小平台，它可以从侧面射杀正在往上攀爬城墙的人，形成一个交叉火力），这是历代万里长城最早出现的马面。出现马面的意义是什么呢？以前的长城不一定作为军事的防御阵地使用，也不是所有的长城都有士兵在上面驻守。从金长城开始有了马面，马面的作用就是攻击两边攀爬城墙的人，有了马面之后城墙才作为一个军事防御的阵地存在，这个意义非常重大。**（董耀会）**

在地球的另一端，也有长城

在世界范围内，同中国类似，修建有长城的国家是以下哪一个？

A 英国　　**B** 法国　　**C** 意大利

正确答案是：A 英国

在 2017 年的时候，我去英国剑桥李约瑟研究所做过一段时间的访问学者，当时做访问学者的初衷就是为了看看世界上其他国家的长城。到了以后，我就准备徒步走一下英国长城。英国长城有两条，一条叫哈德良长城，还有一条叫安东尼长城。由于哈德良长城比较有名，建造的时间比较晚，防御体系比较完备，所以当时我就徒步走了哈德良长城。哈德良长城属于罗马长城的一部分，与我们中国的长城防御体系有异曲同工之处。为什么这么说呢？它不是一条单一的长城墙体，它有要塞、军营和相关的聚落，是一个综合的防御体系。相对来说，它算是罗马帝国时代比较完备的防御系统。我在参观哈德良长城的时候，觉得它无论是从展示还是管理都做得非常不错，而且很多的博物馆都是沿着哈德良长城修建的，像珍珠项链一样，一个点一个点地串起来，然后在点和点之间设置公交路线、自行车骑行道，还有一些步道进行连接，让大众可以很便捷地到达参观点。在展示这些遗产的时候，它不是用非常生硬的文字介绍，而是通过非常立体的画面来告诉你，使你有身临其境的感觉。

在 2017 年 2 月举行的一个中英文化遗产高级别对话会议之后，从 2018 年起就有了中英的"双墙对话"，每年都有。这个活动促进了长城遗产的国内外学术交流，同时也给广大的长城爱好者提供了一个交流平台。**(解丹)**

英国哈德良长城（一） 摄影 / 解丹

英国哈德良长城（二） 摄影 / 解丹

 ## 在万里长城的讨论中，我们想起了罗马

公元 2 世纪，假如一位罗马戍边士兵跋山涉水来到中国，面对汉长城时，下列哪个选项最可能符合他的想法？

Ⓐ 这个东西真实用，回去要让我们的皇帝也造一个

Ⓑ 这比起我们的长城要高多了

Ⓒ 这里的城墙比不上我们罗马的

正确答案是：B 这比起我们的长城要高多了

  中国的长城是 1987 年列入世界文化遗产名录的，英国罗马边墙最早的代表哈德良长城也是 1987 年列入世界文化遗产名录的，我认为它们可以共称为东西双璧。公元 2 世纪是不是有罗马的使节来到中国，看到过当时汉代的长城？是不是做过比较？这些都不重要了。从 1987 年英国的哈德良长城列入世界文化遗产名录到 2021 年，这 34 年间，英国的安东尼长城、德国的上日尔曼和北日尔曼的长城分别列入世界文化遗产名录，入列的欧洲长城是 5000 千米左右。如果秦长城、汉长城、明长城及延续到丝绸之路深处的那些烽燧都列入世界文化遗产名录，那么我们的长城在世界上的影响该有多么大！

  我们在欧洲做纪录片的时候，不拍摄罗马边墙，拍罗马大道。我们站在罗马遗址的上面，从制高点看罗马大道，我认为它连着遥远的万里长城，连着遥远的秦直道，连着遥远的长安，它接受了来自东方的邀请，开启了文明

交流的历史。我们还拍什么？我们拍斗兽场。我们是这么拍的：在公元404年最后一次决斗的时候，一位来自小亚细亚的修女特列赫挺身而出，在斗兽场制止这个决斗并献出了生命。我们描写了那么多人类伟大的建筑，它们可能面临战乱和危机，但是历史在不断地为它们注入和平和温馨。罗马遗址最漂亮的应该是斗兽场的夜晚，灯光璀璨、绚丽夺目，看到它我想起了什么？公元前53年，罗马大军第一次在亚洲腹地看见了来自东方的丝绸军旗，在阳光下闪耀着，猎猎作响，他们惊呆了。我觉得从那时候开始，中国的丝绸以它柔韧的身段开始了对世界美的征服。这个题目出得好，使我们在万里长城的讨论中想起了罗马。（王纪言）

雄伟壮观的万里长城　　　　　　　　　　摄影/董旭明

中国雄关，
不止山河壮丽！

 谁是万里长城第一关？

明长城山海关老龙头段　　　　　摄影 / 董旭明

河北省长城资源调查人李文龙在山海关

河北省长城资源调查人李文龙说:"两京锁钥无双地,万里长城第一关。这里是华北平原通往东北平原的咽喉,是兵家必争之地,是万里长城中唯一集山、海、关、城于一体的海陆军事防御体系。万里长城横穿河北,联结京津,在河北境内长达 2000 多千米,精华地段有 20 多处。明洪武十四年,我身后的这片土地上的城,因其枕山襟海,故名山海关。山海关城周长约 4 千米,与长城相连,以城为关,城高 14 米,厚 7 米,有四座主要城门和多种防御建筑。它从遥远的西部戈壁一路飞腾而来,穿越河川大漠,骄傲地在此伸进滔滔大海之中,形成龙头入海之势,搅海翻浪。山海关的老龙头成为万里长城中唯一的一段海中长城。在东方传统文化中,山聚仙乃奇,海藏龙而神,关踞险为雄。请问,山海关中的山、海分别指什么?"

A 太行山 渤海　　**B** 太行山 黄海　　**C** 燕山 渤海

正确答案是:C 燕山 渤海

　　山海关是明长城最东边的第一个关口,北边是燕山,南侧是渤海,非常有特色。它不仅依靠了山海的自然之势,还设置了很多的军事聚落,我们可以把它看作一个非常严密的防御体系。山海关的战略意义在明朝中后期变得越来越突出,从关城发展到了以山海关为核心的跨镇联防、海陆结合的一种模式。为什么说是跨镇联防呢?因为明长城是九边十一镇,山海关本身在这个防区内,与其他的镇形成联防,构建成共同防御体系。现在的山海关是中外游客非常喜欢的旅游景点,展示了我们的长城文化。(解丹)

不到长城非好汉,竟然不是在说八达岭长城

毛主席有一首词写道:"天高云淡,望断南飞雁。不到长城非好汉,屈指行程二万。"请问,这首词中的长城指的是哪段长城?

A 八达岭长城   B 固阳秦汉长城   C 固原秦长城

正确答案是:C 固原秦长城

　　毛主席的诗词非常经典,这句"不到长城非好汉"已经变成人尽皆知的俗语了。这首词叫《清平乐·六盘山》。1935 年 10 月 7 日,毛主席率领中央红军在固原青石嘴击溃敌军,意气风发地登上了万里长征的最后一座大山——六盘山。在翻越六盘山的时候,毛主席诗兴大发,吟出了这首《清平乐》,但当时它不叫《清平乐》,叫《长征谣》。因为当时还在长征途中,翻过六盘山后,中央红军宿营在彭阳县的河阳洼村,毛主席就住在村民张有仁家的窑洞里,这个窑洞后面就是古长城,所以我想毛主席当时一定是见到长城有感而发"不到长城非好汉"。

　　《长征谣》前后共进行了八次修改,于 1942 年 8 月 1 日在《淮海报》的副刊上全文刊登,1949 年 8 月 1 日《解放日报》刊登了毛主席亲自修改过

的《清平乐·六盘山》。

1935年10月7日毛主席翻越六盘山时吟出了《清平乐》,过了一年,1936年10月9日,中央红军一方面军和四方面军会宁会师,10月22日和红二方面军会师。(郦波)

其实所谓秦始皇万里长城并不是从头修起的,而是将原来的燕长城、赵长城和秦长城这三国的长城连缀起来,为抵制北边的匈奴和东胡而修建的。秦长城在固原市境内途经西吉、原州、彭阳三县,总长120千米,多半修筑在山峦北坡,依山就险、因坡取势。山谷隘口及平川地带多用夯土筑成,山地则多用石砌或土石混筑,一般石砌长城遗迹保存尚好。(张玉坤)

内蒙古自治区包头市石拐区战国赵北长城　　　　摄影/董旭明

宁夏是中国长城的博物馆，但是我觉得在宁夏特别需要探访的是六盘山的长城，它见证了中国革命打通通往陕北根据地的最后通道。关于六盘山，在媒体界还有一个喜欢的话题，就是六盘山下的西北民歌《花儿》改变了音乐人王洛宾的命运。王洛宾于1934年从北京师范大学音乐系毕业，他本应去巴黎留学，但是赶上了抗日战争，王洛宾就参军成为西北服务团的一名战士。1938年，王洛宾跟服务团去兰州时路过六盘山，正赶上大雨瓢泼，他们就住进了一个大车店。夜深人静，雨也停了，大家都待得挺寂寞，突然从旁边的屋子里传来一个女子的歌声，歌声苍凉、深情，还有点民歌的野性，王洛宾被深深地吸引了。第二天一早王洛宾就去找大车店的老板询问，老板告诉他那首歌是西北民歌《花儿》，唱歌的女子是一个帮工，叫五朵梅。王洛宾震惊了，他在长城脚下思考，到底音乐的源泉在哪里？浸入他心田的这首西北民歌《花儿》那样动听、那样入情、那样醉人。于是他做了一个决定——不走了。他在西北扎下了根，成了大家熟悉的西北歌王。对于王洛宾来说，人生的改变是在长城脚下认识了民歌歌手五朵梅开始的。（王纪言）

古代人"出入境"，也要有"护照"

甘肃省长城资源调查人张晓东在嘉峪关

甘肃省长城资源调查人张晓东说:"我是张晓东,我在甘肃。我的身后就是有着'天下第一雄关'称号的嘉峪关。嘉峪关是古代丝绸之路上的交通要塞,当时这里每天都会有不计其数的官员、使节、商旅和百姓出入,往来人员必须验明身份才可以出入。我手中拿的就是模拟当时百姓通关用的证件。请问,这个验明身份的凭证叫什么?"

A 关牌　　　　B 关照　　　　C 关帖

正确答案是:B 关照

我们平时说的"请多关照"和这个"关照"可不是一回事。"请多关照"中"关照"是动词,为照顾的意思;这里的"关照"其实就是"护照",但是你首先要分清时代。比如影视作品《西游记》中的通关文牒也是一种"护照",明代正式称为文牒,把通关文牒的"通关"两字去掉,或者叫"关照"。

西方的护照叫"Passport",也是指过关的意思,东西方在这一点上是一致的,所以丝绸之路真是起到了贯通东西方文明的作用。(郦波)

在嘉峪关以石击墙有燕鸣声,背后故事唯美动人

万里长城有不少知名的关隘,很多关于它们的故事和传说共同聚成了长城文化的宝藏。请根据以下线索,说出这座知名的关隘名称:

线索:1.修建于明朝年间;2.是中国长城三大奇观之一;3.有击石燕鸣的传说。

正确答案是:嘉峪关

嘉峪关修建于明代的洪武五年,也就是公元1372年,因地处甘肃嘉峪山的西麓而得名。现存的嘉峪关关城由外城、内城、罗城、瓮城还有附属的城楼设施组成,占地面积超过3.3万平方米,是我国保存最为完整、规模最为宏大的古长城关城遗址。嘉峪关地处河西走廊的中西部,控扼河西走廊,因此又有"天下第一雄关"之称。它与东边的明长城的起点山海关、中部的镇北台并称为中国长城三大奇观。(王仁芳)

说起击石燕鸣就要说到嘉峪关的一道内门,叫柔远门。在中国两个地方的柔远门非常有名,另外一个在陕西省米脂县。与嘉峪关的柔远门不同,陕西省米脂县的柔远门上有柔远楼。柔远门是内门,传说古时有一对燕子筑巢于嘉峪关柔远门内。一天,两燕出关。日暮,雌燕先归,雄燕晚归,柔远门已闭,雄燕回不了窝,双宿双飞的一对燕子被一扇大门隔开,雄燕触门而死。雌燕感受到雄燕离开了它,长夜悲鸣,一直到死去。后来当地的老百姓发现,敲击柔远门旁边的城墙会发出"啾啾"声,像雌燕的悲鸣,从此就形成了一种风俗:将军要出关征战的时候夫人击墙祈祝,后来发展到将士出关前眷属子女击墙祈祝。(郦波)

嘉峪关关城　　　　　　　摄影／董旭明

孟姜女到底在哪"哭倒"了长城？

"孟姜女哭长城"是一个耳熟能详的民间传说，但历史上确实有过"哭城"的真实记载。请问，"孟姜女哭长城"这个传说的原型人物哭的是哪段长城？

A 秦长城　　**B** 赵长城　　**C** 齐长城

正确答案是：C 齐长城

　　这道题迷惑性特别强，《孟姜女》是河北梆子的一出名戏，而山东吕剧的《孟姜女》也非常有名。为什么说哭的长城不可能在山海关？因为虽然山海关里有孟姜女庙，但是秦长城根本不在山海关，山海关属于明长城。据史学家考证，孟姜女不姓孟而姓姜，前面这个孟字是排行老大的意思。古代有两种排行——伯仲叔季或孟仲季，孟姜女就是姓姜的一户人家的大女儿。什么地方的人主要姓姜呢？答案是山东。

　　其实这是《左传》记载的一个故事，男主人公的名字在各种戏曲里，要么叫喜良，要么叫范喜良，这个人物的原型是齐国的一名大将叫杞梁。齐国和莒国打仗，打败了莒国，但是杞梁却战死沙场。他的尸体送回来以后，齐王在郊外随便吊唁了一下。杞梁的夫人叫孟姜女，她指斥齐王行为不合礼制，齐王很羞愧。但故事中并没有说孟姜女哭倒城墙。《礼记》中《檀弓》篇曾子说孟姜女当时哭着指斥齐王。后来在刘向的《说苑》里，这个故事夸张成孟姜女在齐国都城临淄的城墙边大哭，哭了七天七夜，把城墙给哭倒了。后来就演绎成了我们耳熟能详的民间传说《孟姜女哭长城》。**（郦波）**

中华龙图腾为多部落符号之集大成

《长城长》节目标识

《长城长》节目的标识在设计中巧妙地融入多种中国传统纹样,有朱雀纹、云雷纹等,请问中间"城"字上方位置的这一纹样叫什么?

A 凤鸟纹　　B 龙纹　　C 云纹

正确答案是:B 龙纹

　　我们看文物上的纹样,无论是在青铜器上还是在各式器物或瓦当上,种类特别多,有凤鸟纹、云纹、雷纹,还有云雷纹、龙纹。实际上这些纹样都表达着人们对天地、对生活在天地之间的人,还有人类身边事物的尊重。

　　《长城长》节目标识上的纹样是龙纹。其实龙纹在中国文化中不是在大众使用的东西上所能见到的,只在非常高等级的器物上才能使用。龙本身并不是真实存在的生物,作为中华民族的图腾,它的形成有一个不断融合的过程。各个部落都有自己的图腾，融合进来一个部落就拿出来一个图腾的符号融入总的图腾里，这样不断地融入，图腾也不断地变化。所以说龙的图腾是涵盖众多部落符号的集大成者，是我们今天中华民族认同的一个标志和象征。

我们看云雾缭绕中盘旋在山岭之上的长城是不是就像一条腾云驾雾的巨龙？其实不仅今天我们说长城像巨龙，在明朝修建山海关长城时，明朝人给这个地方起名叫老龙头，也是把整个长城视为一条巨龙，巨龙入海的地方称为老龙头。每年的二月初二老龙头特别热闹，石城上有一块写着"老龙头"的汉白玉石碑，看到的游客都要摸一下，这说明了人们对这样的文化符号给予了非常高的崇拜和信仰。（董耀会）

慧眼识将！
初次见面林则徐便认定左宗棠将"西定新疆"

新疆维吾尔自治区哈密市清代烽火台　　　　摄影／董旭明

清代民族英雄林则徐在西行新疆途中经过明长城关隘时曾赋诗曰:"长城饮马寒宵月,古戍盘雕大漠风。"请问,当时他经过的关隘是哪座关?

A 居庸关　　　**B** 雁门关　　　**C** 嘉峪关

正确答案是:C 嘉峪关

  林则徐的这首诗叫《出嘉峪关感赋》,答案就在诗题里。我们知道林则徐虎门销烟,他是民族英雄。可是随着鸦片战争的爆发,投降派把责任都归结到林则徐身上,他被贬谪流放新疆伊犁。在中国古代唐宋以前,如果官员被贬到岭南,那基本上是贬得最狠的,因为当时的岭南可以说是瘴疠横行。到了清朝,官员要么被贬到极北之地,要么被贬到新疆伊犁,一般官员如果被贬或是诚惶诚恐或是自怨自艾,然而林则徐却不是,他是真正的"塞上长城"。在去新疆的路上,他不仅创作了大量的作品,还收集了大量的地理资料。到了新疆之后,他帮助当地的百姓兴水利,开垦荒田。

  后来左宗棠为什么在疆防、海防的问题上选择一定要收复新疆,其实原因也和这有关。林则徐后来被任命为云贵总督,直至告老还乡。在他回福建老家的时候,特意绕道去了湖南长沙,那是 1850 年的 1 月。为什么呢?因为他听了湘军大帅胡林翼的建议,专门去见一个当时没有功名的人。胡林翼向林则徐建议说,唯楚有才,有一个叫左宗棠的人为楚才第一。左宗棠当时大概三十七八岁,虽然有绝世才学,但是科举考试总失利。当时左宗棠久慕林则徐大名。他去见林则徐的时候,由于天太黑,一不小心踩到一个水坑里跌了一跤,林则徐赶快出来相迎。左宗棠虽然摔了一跤,浑身水淋淋的,但是坐定下来却侃侃而谈,极为淡定。两人彻夜长谈,林则徐认定将来"西定新疆"舍左君莫属,特地将自己在新疆整理的宝贵资料全部交给左宗棠。由此可见,林则徐作为那个时代的先行者,已经预见了新疆的危机。而左宗棠对林则徐也是推崇得很,这也就是后来为什么在朝廷拿不出钱的情况下,左宗棠自筹经费收复新疆。那么是谁帮左宗棠筹经费的呢？是胡雪岩，所以又造就了胡雪岩的传奇。所以看这些历史事件中，无论谁是主角，其实是和志同道合的人众志成城，才得以收复新疆，保持了神州的完整，今天依然如此，要众志成城。（郦波）

左宗棠为何坚持收复新疆，他很有远见。请根据以下线索，说出一个长城关隘：

线索：1. 它曾经是丝绸之路上的重镇；2. 左宗棠带领官兵在此植树，带去了"春风"；3. 羌笛何须怨杨柳。

正确答案是：玉门关

　　这就是左公柳的故事，是中华民族的一段屈辱史，也是中华民族的一段英雄史。为什么说是屈辱史呢？19世纪60年代到90年代，是中国边疆危机的年代，帝国主义列强围了一圈来蚕食中国。当时有海疆危机，在东南沿海一带；有陆疆危机，1865年中亚浩罕国的阿古柏入侵新疆。海疆危机、陆疆危机同时存在，那时候清政府既没钱也没有力量，应该先打哪边，大家的想法也不一样。李鸿章认为海疆重要，左宗棠认为新疆重要，因为新疆连着蒙古，蒙古连着北京，如果这个地方没了，整个北京的安全就要受到影响。后来最终的决策是两边都要保，于是左宗棠被任命为钦差大臣去处理新疆的军务。1876年左宗棠率清军进入新疆，1880年收复全疆，1884年新疆设行省，这是一项丰功伟绩，保护了我们中国六分之一的领土。左宗棠是一个大英雄，他不光收复了新疆，同时还想着建设新疆。他修桥筑路，从潼关经过河西走廊，

新疆维吾尔自治区哈密市支边墩　　　　　摄影/董旭明

然后到哈密。新疆非常干旱，看起来很凋敝的样子，他就让他带去的那些湖湘子弟种树。种什么树呢？种榆树、种柳树、种沙枣树，于是在这10~30米宽的路旁边都是这样的树，形成一个景观奇迹。他的部下杨昌浚看到这样的景观写了一首诗："大将筹边尚未还，湖湘子弟满天山。新栽杨柳三千里，引得春风度玉关。"想想看那是什么地方，是"春风不度玉门关"的地方，现在因左公植柳引得"春风度玉关"。所以我在想，新疆在当时其实是有三座长城，一座是有玉门关、阳关这样的关塞长城，一座是湖湘子弟构造的血肉长城，还有一座是榆柳缔造的绿色长城，它们共同守护着中国。（蒙曼）

"烽火信号传递操作手册"了解一下

《塞上烽火品约》是一部汉代长城守边军士所使用的文书,相当于一个地方的公用手册,它是用什么字体写成的?

A 小篆　　**B** 楷书　　**C** 隶书

正确答案是:C 隶书

　　《塞上烽火品约》是汉代的烽火品约,是在居延出土的。长城作为一个防御体系,由烽火台、烽燧、屯兵的城堡、城墙和关隘等构成,那么烽火品约是什么呢?它是烽火传递约定的信号,就是说你传一个信号对方得能收着,收着以后他还得能解读出来你传递的意思,有点像我们现在海军的旗语,它的功能是传递情报、传递信息。要传递信息就得有一个约定,品约就是约定的意思,有什么敌情我传出什么样的信号,这就是烽火品约。我们一般说烽火台,大家都认为就是点烟、点火,其实不是的。在《塞上烽火品约》中明确规定了遇到各种具体情况使用的不同示警信号,分为篷、表、烟薪、积薪。"篷"是相当于筐,编制的挂起来的东西,它不是点的烟或火。"表"表示平面的,不是立体的。如"篷"可以是相对立体的一串灯笼,表可能是类似于旗帜的,或者是三角的或是方的,不同的形状代表的情况不同。"烟"代表放烟,放烟时用手持的炬来回晃表示不同的情况。"积薪"就是一大堆芦苇编成的薪,把它点着以后再把火灭掉,这个时候就有烟了,而且这样烟会更浓、更直。这些是烽火品约对信号的约定。到明代时有了炮,也就又有了新的信号变化。**(董耀会)**

它是长城雄关之一，却不叫"关"

（左起）张家口大境门、山海关、玉门关

摄影／董旭明

图中的长城关口，哪个是万里茶道和万里长城的交汇点？

Ⓐ 张家口大境门　　Ⓑ 山海关　　Ⓒ 玉门关

正确答案是：A 张家口大境门

　　万里茶道从福建武夷山出发，经过江西、安徽、湖南、湖北、河南、陕西、河北、内蒙古，再经过蒙古国，一直延伸到俄罗斯的圣彼得堡。这条万里茶道在 18 世纪是欧亚大陆上一条重要的商贸通道。2013 年习近平总书记在莫斯科国际关系学院发表演讲的时候，把万里茶道和当下的中俄油气管道并称为"世纪动脉"，为什么评价这么高呢？因为对于人类文明史来讲，最大的一块大陆是欧亚大陆。从历史角度看，欧亚大陆的文明昌盛在很长一段时间内决定了人类文明的发展走向，对人类文明史作出过重要贡献。进入现代以来，海洋文明崛起。现在是大陆文明和海洋文明融合发展的时代，无论是我们的"一带一路"，还是我们现在提出的"构建国内统一大市场"，

我觉得都是文明融合的智慧展现。所以我们站在今天去看人类文明的发展，这是一个非常好的视角。再说回来，万里茶道和万里长城的交汇点在大境门，长城有那么多的关隘，一般都叫什么关什么口，只有大境门叫门。在抗日战争时期，"九一八"事变后吉鸿昌就是出大境门北上抗日；1945年8月八路军进大境门打下张家口，从日寇手中重新解放张家口。作为万里茶道和万里长城的交汇点，大境门在古代是一个重要的茶马互市、共市的地点，它见证了长城两边民族的融合以及大陆文明当年的昌盛。（郦波）

从柳条边厘清一个概念，原来不少人都误解了"封建"

清政府曾在东北地区兴建堤防壕沟，历经皇太极、顺治和康熙三朝方才完工，因为在土堤上栽种一种植物，所以俗名条子边。请问，当时栽种的是下列哪种植物？

A 杨树　　　**B** 桦树　　　**C** 柳树

正确答案是：C 柳树

有很多著名的诗人写到过柳条边，比如我们熟悉的纳兰容若就专门写过一首七律《柳条边》，最后一句是"若使春风知别苦，不应吹到柳条边"。纳兰容若不仅词写得好，诗也写得特别好。那么大家知道这首诗之前他写的一首词吗？"山一程，水一程，身向榆关那畔行，夜深千帐灯。"我记得有一次考"榆关"到底是哪个关，其实很简单，为什么呢？因为纳兰容若在康熙二十一年随康熙回龙兴之地祭祖，肯定走的是山海关。那么为什么叫"榆关"呢？其实最早"榆关"在抚宁县榆关镇，明朝大将徐达觉得这里的位置不是最重要的，就把它移到了现在的山海关，卫所到这个地方就改名叫"榆关"，原来那个"榆关"就不用了，后因为其地势险要、依山伴海，又改名叫山海关。

说到柳条边植树，这个风俗也是由来已久。从史学意义上来讲，我们现在用的"封建社会"的说法不太准确。因为近代我们直接拿了西方的概念来用，造成了现在的这个结果。其实从公元前221年秦朝建立之后，建立了典型的郡县制，不是封建制。古代的西周是封建制。那么什么叫封建制，这就与柳条边有关系了。"封"这个字的意思是挖一条大沟，把土翻到两边，然后土上种柳树，沟两边种的树叫封，而挖出来的那个沟叫疆，这其实就是诸侯国之间的边界线，所以那个时候它是标准的封建制。这才是封建的原初意思，由此我们可以从柳条边厘清一个历史概念。（郦波）

带兵打仗的硬核公主，娘子关因她得名

娘子关位于太行山脉西侧，是明万里长城第九关。请问，它的名字与哪位古代巾帼英雄有关？

A 平阳昭公主　　**B** 梁红玉　　**C** 花木兰

正确答案是：A 平阳昭公主

　　这道题出得特别严谨，没有简简单单地写平阳公主，而是平阳昭公主。为什么呢？因为历史上平阳公主有若干位，但平阳昭公主只有一位，就是李渊的女儿，她的谥号是昭。公主有谥号是很罕见的，昭是什么意思呢？明德有功曰昭，说明这个公主是为李唐建立了功勋的。什么功勋呢？是李唐建国之功。李唐王朝建国那叫父子兄弟齐上阵，当时隋炀帝在江都，那么驻守长安的是谁呢？是隋炀帝的孙子杨侑，就是后来的隋恭帝。这个时候李渊是太原留守，他就想吃这个"果子"，但是先要充实自己的实力。当时他的身边有三个成年的儿子——李建成、李世民、李元吉，还需要收罗更多的力量，他想到了谁呢？就是在长安城的女婿柴绍，当然女儿就是后来的平阳昭公主了。于是李渊写信叫他们回去。柴绍其实有点想甩包袱，他跟平阳昭公主讲：你是一个女流之辈，路上兵荒马乱的我带着你不方便，我把你留这儿呢又很担心。这个李娘子，那时候还不是平阳昭公主，李娘子就跟他说：你放心走，我是一介女流，很容易在乱世中活下去。随后柴绍就义无反顾地投奔自己的老丈人去了。这个李娘子留下来可没躲没藏，她到柴绍长安周边的庄园，散尽家财招兵买马，然后开始打地盘。最后的结果是什么呢？她把整个长安

娘子关鸟瞰图　　　　摄影/李哲

娘子关　　　　摄影/董旭明

周边全拿下来了，自己的兵力扩张到七八万人。这个兵力强到什么程度，当时李渊已经从太原往长安这儿打了，他的两个儿子——李建成、李世民手下加起来人数还不到3万。这是什么概念！什么叫英雄儿女！儿子固然是英雄，女儿更是英雄。打到长安以后，平阳昭公主在长安迎他们，柴绍当时带着先遣军700人，而平阳昭公主选出了1万多精兵，夫妻会面时你看这个实力对比，平阳昭公主大大超过了她的丈夫。夫妇对开幕府，两个人各自行使指挥权，一举拿下了长安，所以平阳昭公主于唐有功。后来她去世之后的丧礼是按照军人的标准来举办的，有羽葆、鼓吹，谥号昭公主。

那么昭公主与娘子关是什么关系？本质上讲没关系，她就在长安城迎接了她的父亲与丈夫，他们进城后她就在家相夫教子了，因为古代的女性只能是这样，她也没再去驻守山西。但是中国人是崇尚英雄的，也崇尚女英雄。平阳昭公主封在了平阳，平阳在山西临汾，其实是因为柴绍老家是临汾的。后来人们就把山西的这座关口和李娘子的英勇战功联系在一起了，所以金朝元好问的《游承天悬泉》中第一次出现了娘子关这个名词，后来的《大清一统志》正式定名为娘子关，它不在史实之中，而是在人们的心中。（蒙曼）

全球十大最酷马拉松之一的举办地：黄崖关长城

虽然天津的长城资源是长城沿线 15 个省（自治区、直辖市）最少的，但黄崖关却可以说是最具特色的长城关口了，因为它是集水关、陆关、八卦关城为一体的工程杰作，并且已经有 1400 多年的历史。如今时过境迁，古老的长城又焕发全新活力。自 1999 年起，黄崖关长城国际马拉松比赛每年都在这里举办，它被誉为全球十大最酷马拉松之一。请问，黄崖关长城国际马拉松比赛举办的日期是每年的什么时间呢？

A 端午节　　　B 5月的第三个星期六　　　C 国庆节

正确答案是：B 5月的第三个星期六

　　黄崖关长城国际马拉松赛是全国在长城举办的马拉松赛的首开之地，此后在慕田峪长城、金山岭长城也举办过马拉松赛，国内外参赛者踊跃报名。以往的长城旅游主要是观光，就是把景区修整好了然后卖门票的观光业态。那么其他不能形成这样业态的旅游景区怎么办呢？它们做的更多的是休闲度假的业态。内蒙古自治区的长城在全国15个省（自治区、直辖市）中最长，有7570千米，但是没有八达岭、黄崖关、慕田峪那样的资源。八达岭、黄崖关、慕田峪这些地方的长城以观光旅游的业态去衡量，是优质资源，内蒙古自治区的长城资源以休闲度假的旅游业态衡量，那很可能就是优质资源。试想，如果我们构建长城国家步道，在内蒙古自治区建一个万里长城国家步道，全世界来长城旅游的人到内蒙古走一万里，得走多长时间？其实这样的一个旅游业态，它是一个大的发展方向，在长城国家文化公园建设方面，国家步道也是文化旅游融合发展的重要选项。（董耀会）

大型文化综艺节目《长城长》中的黄崖关长城

我从南方过来，从长江边跨过黄河来到长城脚下，所以我一直觉得我们中华民族有三条大动脉——长江、黄河和长城。它也是我们的民族精神象征。"把我们的血肉筑成我们新的长城"，对今人来讲，它更是我们的一种民族智慧，在人类文明历史上没有比我们中华民族的民族融合更为完美的，长城是最好的见证，同时它还见证了我们民族的眼光、视野、格局和思维方式。我们知道修建长城是解决当时的问题，面临大问题我们中国人会用一种难以想象的大手笔、大格局、大的思维方式来解决，用数千年的修筑长城来解决这个重要的问题，所以这体现了一种强大的组织力和行动力。

——郦波

长城长

长城长千秋

见证了
举世闻名的发现

 "中国"一词是从哪里来的

何尊图

陕西是中华文化重要的发祥地之一,是中国历史上多个朝代的政治经济和文化的中心,总共有14个政权在这里建都,陪伴着中华民族走过了周秦汉唐的花样年华。在这里出土的一件3000年前的名为何尊的青铜器上铭刻的"宅兹中国"字样是目前所知最早的对"中国"一词的使用。请问,何尊出土的地方被誉为青铜器之乡,这个地方是哪里?

A 西安　　　**B** 咸阳　　　**C** 宝鸡

正确答案是：C 宝鸡

　　何尊从质量上讲不大，它重 14.6 公斤，和毛公鼎、大盂鼎没法比。但它是中国第一批禁止出国巡展的一级文物，非常珍贵，珍贵在于"宅兹中国"这几个字。何尊是一个叫何的西周宗室贵族铸的尊，上面有铭文 12 行共 122 个字，讲述了周的建国史和一段英雄史。在讲建都洛阳时出现了这句著名的话——"宅兹中国，自兹乂民"，意思是我们从此就在中国安定下来，自行制定法律治理老百姓了。那时候中国不是指现在的中国，是指中原，当时以河南为中，"宅兹中国"是指在这个地方落脚了的意思，这就是最早出现的"中国"一词，所以这个鼎因这段铭文而知名。

　　这个何尊的发现也是个传奇。1963 年的时候，一个老百姓自家后院的土崖不停地掉土，土崖上好像有亮光，他就用手和小镢头刨，结果就刨出了个铜器。这个人不了解文物知识，就知道是一个青铜器，也没当回事。后来他搬走了，走的时候把何尊留给了他哥哥。他哥哥也没把这个青铜器当回事儿，把它卖到废品收购站去了。在废品收购站铜器的命运通常是回炉炼化，就没了，但是这个时候一个关键人物出现了，他是宝鸡的一位文物工作者，他正好路过看到了何尊，觉得花纹很好看，就花 30 块钱买下，放到文管所。可是当时大家仍然不知道这件青铜器有什么重要的意义，只是觉得造型很好、花纹很好。1975 年由于何尊准备被带到日本去展览，国家文物局先把它收来保管，这时候上海博物馆馆长马承源先生看到何尊底部有字，识读出了"宅兹中国"，就这样将"中国"的源头定于这里了，然后就将这件青铜器命名为"何尊"。从此以后何尊就成了我们宝贵的一级文物，永远禁止出国巡展。**（蒙曼）**

居延汉简中竟然有九九乘法表

居延汉简　　　　　　　　　　　阿拉善广播电视台提供

1930年考古人员在内蒙古自治区额济纳旗对汉代烽燧遗址进行调查时挖掘出土了10000余支简牍，其内容大量反映汉代边疆事务。请问，这批简牍被称为什么？

A 居延汉简　　　**B** 里耶秦简　　　**C** 肩水金关汉简

正确答案是：A 居延汉简

居延的汉简、敦煌的遗书、殷墟的甲骨，还有故宫内阁的大库档案被称为20世纪档案学上的四大发现。额济纳旗居延汉简特别有名，王维曾写过诗句,"大漠孤烟直,长河落日圆","孤烟直""落日圆"蕴含着几何学原理。这首诗的前面几句是什么呢?"单车欲问边,属国过居延。征蓬出汉塞,归雁入胡天。""居延"其实是匈奴语的音译,它是什么意思呢?郦道元在《水经注》中解释为弱水流沙。因为这个地方原来有片大泽,所以叫居延泽,又叫居延海。

1930 年,中国和瑞典的探险家组成了西北科学考察团,在居延这个地方发现了大量的汉简。把居延汉简和里耶秦简放在一起做选择,我觉得这道题出得特别好。居延汉简中记载了很多制度,包括抚恤制度、养老制度等内容,还有一块内容我特别感兴趣,那就是九九乘法表,居延汉简里居然有九九乘法表。里耶秦简里也有标准的九九乘法口诀表,与现在使用的乘法口诀惊人地一致。(**郦波**)

1927 年的时候西北科考团在额济纳河流域一带进行了考察,当年团长是著名的探险家斯文·赫定先生,黄文弼先生先发现了四枚木简,但是当时可能由于时间仓促没有再进行深入的考察。1930 年考察团成员之一的瑞典青年贝格曼在测量古城墙体时,意外地发现了几枚写有汉字的木简,随后西北科考团在内蒙古的居延地区发现了震惊世界的居延汉简。这批居延汉简随着中华民族的命运颠沛流离,它们被迫辗转于海峡两岸,甚至远渡重洋。直到 1965 年,由胡适经手,在美国国会图书馆里被寄存了 25 年之久的汉简终于用船运到台湾被保存下来。所以说到它,我们要把它和我们中华民族的命运结合在一起,这是一个非常感人的故事。

2010 年我们陪着作家席慕蓉去额济纳旗,席慕蓉把一个居延汉简的图版影印件送给了额济纳旗的文管所。晚上,席慕蓉在额济纳旗的戈壁滩上朗诵诗,我看着明月突然就想起了居延汉简,仿佛感觉到了在戈壁滩上的铁衣寒光,感慨万千。(**王纪言**)

按图索骥！
《水经注》为阴山岩画的发现标出线路图

长城是农耕与游牧文化碰撞和融合的生命线。古人曾在长城所在的大青山、色尔腾山、罕乌拉山一带留下了许多以岩石为"画布"的艺术创作，请问这些艺术创作被称为什么？

A 阴山岩画　　**B** 贺兰山岩画　　**C** 花山岩画

正确答案是：A 阴山岩画

阴山岩画是怎么被发现然后惊艳世界的呢？其实是源自我的祖先郦道元，他在公元5世纪作《水经注》的时候，在《水经注》卷三中用一段文字写道"河水又东北历石崖山西，去北地五百里。山石之上自然有文，尽若虎马之状，粲然成著，类似图焉，故亦谓之画石山也"。1976年内蒙古的考古工作者根据《水经注》的这段话按图索骥，在西起阿拉善左旗，东到乌拉特中后旗，长约300千米、宽约40～70千米的阴山、狼山地区找到近万幅的阴山岩画。这可不得了！因为岩画研究是人类近代考古史的一个热点，在此前我们的岩画研究在整个世界范围内是比较落后的，直到1976年发现阴山岩画之后就彻底改变了这种状况。对阴山岩画的系统研究，一方面让世界彻底了解了中国岩画，另一方面中国岩画在研究的方式、信息的采集等方面的成果后来也走到了世界的前列。

郦道元是给《水经》做注的，它是一本地理书，同步绘制了很多的地图。有的统治者特别喜欢绘地图，像九州图，那叫"普天之下，莫非王土；率

阴山岩画　　　　　内蒙古广播电视台苏利那提供

土之滨,莫非王臣"。可是对于百姓生活来讲,地图的作用是能看到一个物流导向。其实现在"一带一路"也是这样,你在这条路上商贸运输要经过哪些城?这个城在什么位置?而城的位置往往在古代地图上是以山川河流为参照系的,所以山川河流的定位非常准确。中国古人不像现在有航拍、有卫星定位,画图或文字记载山川河流的定位往往是非常模糊的,所以《水经》当年只记载了137条河流的情况,总共不过一万多字的描述。到了我的祖先郦道元时,他创作出了《水经注》,我记得里面记载了1252条河流、30多万条支流,比原著增加20倍。我作为郦道元的后人特别有感触,我曾到重庆三江口,看到嘉陵江和《水经注》里的记载一模一样。包括南京的浦口,就是朱自清先生《背影》中的浦口火车站。为什么叫浦口?《水经注》记载了原因,它

甚至最远记载到珠江水系的水流情况。阴山岩画的发现就是我们现在的考古工作者根据《水经注》的记载找到的。有时候想想会觉得不可思议，郦道元是北魏人，他的足迹是在秦岭淮河以北、长城以南，他都没出过长城，就是说他根本没有去过那个地方，他怎么能够把山川地理了解得那么清楚呢？所以古人的思维层次，我们现在恐怕还很难理解。包括徐霞客，在黄山上一站，靠目测就能测出黄山的最高峰是哪座峰。所以我们的先哲是非常伟大的。当然，郦道元除了作为地理学大家以外，他还是北魏的大清官，是北魏反腐第一功臣。他之所以最后被陷害，就是因为他反腐力度太大，不避豪强与权贵甚至皇族。曾经有一个罪犯叫丘念，躲在皇族汝南王元悦的家里，他不管不顾地冲进汝南王府把丘念抓了。后来汝南王找胡太后求情，当时胡太后近似于垂帘听政，权力很大，胡太后下懿旨让放了丘念，而郦道元知道后在懿旨到来之前把丘念给斩了。他因为严格执法得罪了很多豪强，反复被罢官。他在被罢官期间写了《水经注》，一复任就大力反腐。我为有这样的祖先而感到无比自豪。（郦波）

阴山岩画、贺兰山岩画还有嘉峪关的黑山岩画，都有非常突出的一个特点——这些岩画全是摩崖，就是在山崖、崖壁等天然的石壁上摩刻的。

有些阴山岩画直接刻在长城上，比如固阳阴山岩画，岩画中刻有牧羊人、狩猎人、北山羊、猎犬、马、驴等。经判断这些岩画是长城修筑好以后才刻上去的，具有鲜明的北方游牧民族的特色。长城处于农耕和游牧的交错地带，是农耕地区人们构建的，但又有游牧民族生活的印记，所以长城上的岩画作为中华多民族融合的一个见证，这是其他岩画没有的。（董耀会）

在元代，居庸关是大都通往中都、上都的交通要道。请问，"中都"和"上都"分别在现今哪两个城市内？

A 北京 张家口　　**B** 北京 锡林郭勒盟　　**C** 张家口 锡林郭勒盟

正确答案是：C 张家口 锡林郭勒盟

　　北京、张家口、锡林郭勒，如果稍微有点地理概念就可以发现，把这三个地方排一下，它是从南到北的。元大都是元朝的首都，突厥语称为"汗八里"，意思是"大汗的居处"。元大都由元代科学家刘秉忠规划建设，元大都街道的布局，奠定了今日北京城的基本格局。大家都知道元代三都是大都、中都、上都，但其实元有四都，还有个哈拉和林。上都位于现在的内蒙古自治区锡林郭勒盟正蓝旗境内多伦县西北闪电河畔。说到这条闪电河，名字很有意思，它为什么叫闪电河呢？其实它叫上都河，当地老百姓的口音说着说着就把上都说成了闪电，上都河就变成闪电河了。中都在张家口的张北县，考古发现这里不仅有宫室的建筑遗址，还有蒙古包毡帐的遗址，说明当时是两种居住方式混用的。

　　元大都与元上都有一个中轴线关系，从元大都的中轴线一直向北就到了元上都，元大都与元上都相隔270千米。我们现在的科考工作者用GPS来测量，它的经度只差了一分，这一分约二三百米的距离，而我们的古人在没有先进仪器测量的情况下，中轴线上的偏差仅仅这么小，可见伟大。**（郦波）**

现在的景区导览图
原来古人早就在用了

蜿蜒两万公里的丝绸之路是古代经济文化交流的重要纽带,延绵数千年的丝路历史是世界文明的辉煌诗篇。在 2018 年央视春节联欢晚会舞台上,一幅《丝路山水地图》曾轰动一时。请问,《丝路山水地图》东起于我国哪里?

A 山海关　　　**B** 居庸关　　　**C** 嘉峪关

正确答案是:C 嘉峪关

　　中国古代的地图叫舆图,这幅图无论是叫《蒙古山水地图》还是叫《丝路山水地图》都是藏者按现在的理念给它起的名。为什么叫《丝路山水地图》呢?因为它记录了东起嘉峪关西至天方城(今沙特阿拉伯伊斯兰教圣城麦加)的地域范围,全卷绘制了路上 211 个聚落的具体位置,标注得非常清晰。

(董耀会)

　　我国关于地图的记载和传说可以追溯到四千多年前,从发展的角度可以分三个主要阶段:第一个阶段是原始地图,当时没有标准的测绘手段。《左传》上记载夏代的《九鼎图》中不仅是九座鼎,还把九州简图铸在了鼎上,说明当时的地图和政权已经有密不可分的关系。"河出图,洛出书",还有马王堆出土的那些地图,都属于原始地图的范畴。第二个阶段是传统地图阶段,传统地图以什么为标志呢?就是西晋裴秀写的《制图六法》。裴秀是绘制地图的高手,他制定了制图的六个基本原则,基本原则的主体是比例尺、方位和距离。大家想想现在的地图三要素不也是比例尺、方位和距离吗,所以说《制

图六法》开创了中国传统地图的时代，使我们中国地图学进入了一个高水准的阶段，《制图六法》和托勒密利用投影法绘制地图可以说是东西并峙的两大高峰。第三个阶段就是实测地图了，实测地图是明清时期传教士带来的更先进的制图理念，包括经纬度、投影技术，在明清之后有一些地图就用上了这些新方法。

《丝路山水地图》为什么珍贵呢？其实我们中国古代用这种形象画法绘制的地图尺幅是非常大的，但是尺幅很大就不易保存，所以现在我国现存的这种单幅的手绘地图也就十几幅而已，其中就包括《丝路山水地图》。既然叫山水图，它就是一幅山水画，也是一幅地图。它好在哪儿呢？好在实际的体验感特别强，相对方位也是准确的。缺点是它的绝对位置是不准确的，但是你不妨把它当作一个我们现在实用的导览图，不仅能看地图，还能在图上看到周围的景致，所以它也是我们中国古代科技和人文结合的一个有趣实践。（蒙曼）

摄影／董旭明

一封未寄达的千年古信札

古代粟特商人往返于丝绸之路经营贸易，在创造财富的同时，充当了不同文明间交流的使者，成为丝绸之路上不可或缺的风景。1907 年，英国探险队发现了一组粟特文古信札。请问，这些古信札最有可能出土的地方是哪里：

A 敦煌汉代烽燧　　**B** 宁夏固原秦长城　　**C** 嘉峪关明长城

正确答案是：A 敦煌汉代烽燧

　　1907 年 5 月斯坦因率领的考古探险队来到敦煌，他们沿着长城的遗迹仔细地搜寻，在敦煌以西 90 千米的地方发现了一个汉代的烽燧，在这里发现了一个已经腐烂了的邮包，邮包打开以后就看到了粟特文古信札。这是我们现今能看到的最早的粟特文。粟特文其实就是古伊朗人的文字，粟特就是现在的塔吉克斯坦、乌兹别克斯坦这些地方。信札是从洛阳寄出去的，大概要送到楼兰或者粟特，信里主要写了一些商业信息。考古学家经过反复分析，断定这些信写于公元 313 年左右，信中还提到了一些很重要的信息，就是洛阳以及邺城的凋敝。为什么呢？因为八王之乱。但是粟特人在这种艰难的情况下还在进行商业贸易。其中还有一封信的内容比较有意思，是一个妇女写的，她说她被人抛弃在了敦煌。那么这组信札为什么留在这个地方呢？经过史学家反复考察后推测：一种可能是丢失在这里的，还有一种可能，既然是在烽燧里，有可能是被没收的。**（郦波）**

梁思成、林徽因夫妇的一次传奇发现 狠狠打了日本人的脸

天下九塞，雁门为首。雁门关的地理位置独特，是当年通往杀虎口的咽喉要道。"出雁门，走西口"成就过一代佳话。其实从战国时代开始雁门关就在此守望了千年岁月，见证了无数传奇故事的发生，也见证了中华文明的灿烂与辉煌。1937年著名建筑学家梁思成、林徽因夫妇正是通过对雁门关附近地区的一处古建筑的考察和测绘，打破了当时日本学者"想看唐代的木结构建筑只能去日本"的断言。请问，梁思成夫妇所考察的是以下哪一座古建筑？

A 应县木塔　　　B 佛光寺　　　C 悬空寺

正确答案是：B 佛光寺

如果从建造时间上来讲：悬空寺最早，建于北魏；佛光寺建于唐朝；应县木塔建于辽代。它们都在山西，但是佛光寺特殊之处在于它记载着一段中国知识分子报效祖国的历史，这个历史背景是什么呢？近代以来日本学者到中国来做调查，他们当时看到的情况是中国已经没有唐代之前的建筑了，特别是唐代的建筑极少，但唐代建筑在日本却有很多，有30多座，比如招提寺、东大寺、法隆寺等都是唐代建筑，所以当时日本人就说"想去看唐代的木构建筑只能去日本"。这已经不是一个简单的事实或者学术问题了，这是别有用意的。可是中国的爱国知识分子却不想接受这个说法，希望能找到唐代的建筑。1930年梁思成、林徽因等一些建筑学家组成了营造学社，到处找唐朝的建筑，但是找了很多都是宋辽建筑。1937年他们在伯希和出版的一本

敦煌石窟图录里发现了大佛光寺，在离后来的五台山主体寺庙群很远的地方。从画上看大佛光寺确实是唐代的建筑，而且这个寺很可能还保留着，于是他们前往山西探查。当时的道路和现在不一样，他们坐了火车转汽车，坐了汽车转毛驴，坐了毛驴再徒步。经过多日的长途跋涉，梁思成、林徽因一行终于在一个黄昏推开了佛光真容禅寺的大门。他们看到了那个粗大的斗拱，看到了那个豪迈的螭吻，看到了唐朝建筑那种平整、宽阔的态势，他们心想这应该就是唐代建筑了。那时候没有灯，蜡烛或手电筒的光非常微弱，众人决定安营扎寨后再看，再看还是感觉非常像唐代的寺院，但是没有直接证据。这时候林徽因在房梁上看到了几个字——女弟子宁公遇。林徽因觉得这个说法很熟悉，事实上他们之前在殿前头的石经幢上也看到了"女弟子宁公遇"这样的字。宁公遇是什么人呢？石经幢上写的很清楚，"大中十一年"，大中是唐代的年号，这就对上了。仅凭经幢不能说明后面的殿也是唐朝的，但在大殿的房梁上看到了同样的"女弟子宁公遇"，看到了"大中十一年"，就与前面经幢上的完全吻合了，这就证明了房梁是唐朝的，证明了这个寺的主体建筑是唐朝的。他们找到了第一个唐构建筑，当时是 1937 年的 7 月 5 日，而 1937 年 7 月 7 日卢沟桥事变就爆发了，可想而知那时正值烽火抗战的时代，彰显了知识分子的报国之心。（蒙曼）

明朝灭亡
竟和一位快递员失业有关？

图中，一个人骑着一匹马，这是古代的一种特殊职业。如果穿越回去，要求现在的身份与古人的身份相符，那他的身份可能是什么？

驿使图

A 保卫边疆的骑兵　　**B** 驯马师　　**C** 邮递员

正确答案是：C 邮递员

  这个标志大家应该很眼熟，是中国邮政储蓄银行发行的银行卡的卡面图案，它其实代表了中国古代的驿传制度。这个驿传制度对于中国古代非常重要，张居正的改革变法就是从改革驿传制度开始的。对于中国古代来讲，驿传制度就相当于现在的传输加物流，中国古代的信息沟通和官府方面的物流都是由它完成的。你看图中人手拿羊皮卷"八百里加急"或者"六百里加急"，因为这些信息是绝密的，所以这个人物像没有嘴，他不能透露消息。梁启超先生有一句名言特别有意思，他说"明亡于毛羽建"，毛羽建是监察御史，明代亡于他，为什么呢？毛羽建是一个"妻管严"，家里的"母老虎"非常厉害，毛羽建想娶个小妾，他就把老婆哄回湖北老家，然后偷偷地去见情人，结果过了三天他老婆突然回来了，可想而知，毛羽建被老婆收拾了一顿。事后这个毛羽建就很奇怪，他老婆怎么回来得那么快？后来一打听，才知道老婆走的官道驿站（古代官道相当于现在的高速），一溜烟就跑回来了，十分方便快捷！毛羽建越想越窝火，他就联合人上书裁撤驿站，结果裁撤了陕西米脂县叫银川驿的驿站，这个驿站撤了，里面有个23岁的小伙子就没工作了，这个小伙子叫李自成，他失业之后就去做"闯王"的工作去了。因此梁启超说"明亡于毛羽建"，这叫蝴蝶效应。再比如说王阳明，贵州龙场悟道是王阳明心学形成的标志，王阳明被贬到贵州龙场，去做驿站的小站长，其实那个驿站已经没有人了，已经荒废掉了，可是你要注意，即使是没有人、荒废掉了，龙场驿却依然在，因为驿站不仅能传递信息，还是古代中央集权的帝国控制边远地方的触角，所以驿站是非常重要的。（郦波）

"驿使图"邮票

中国邮政储蓄银行发行的银行卡的卡面图案（示意图）

图上的这个人物可以说是我们今天邮递员的雏形，而且它不仅是物流，驿站可以送什么？可以送信，可以送人，还可以送物资。"一骑红尘妃子笑，无人知是荔枝来"，荔枝怎么保鲜？就是急递。唐朝的急递业务非常发达，当时还有驿驴，因为山路适合驴行走，西北有骆驼，还有的地方用驿马。我们现在看驿站的遗址，如果驿站的遗址非常宽大，那一定是唐朝修的；如果驿站的遗址规模小一点、破一点，很可能是明清修的。所以有的时候国力和驿站的规制之间有很密切的关系。要说走得最远的驿站在什么时代，那一定是元朝。元朝的驿站非常的广远，它一直向西，到中亚、西亚乃至欧洲，所以那是一个国际融合、民族融合的大时代。

这张图叫驿使图，我非常想向大家推荐一下。它是在甘肃新城魏晋墓葬群出土的，当初有个羊倌在放羊的时候偶然发现了一个洞，于是就钻了进去，发现了这个宝库，里面有700多块画像砖，其中在第五号坑发现了大名鼎鼎的《驿使图》。它不仅鲜明、形象，还填补了我国魏晋时代驿传制度、游驿制度研究的空白，而且成为现在中国邮政的标志和邮储银行发行的银行卡的卡面图案。它也是我们中国当时非常发达的邮驿制度的一个象征。（蒙曼）

一眼千年，
敦煌何以辉煌？
世界四大文明在此交汇

国产经典动画片《九色鹿》很多人都熟悉，九色鹿形象的创作灵感来自于：

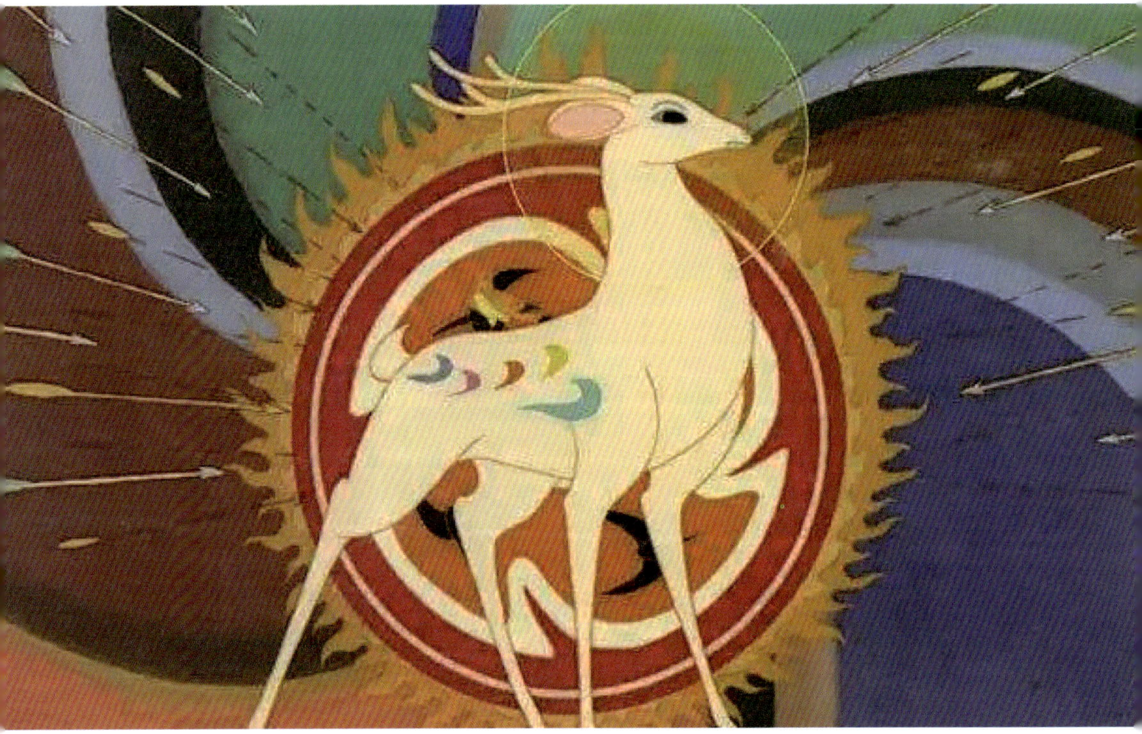

动画片《九色鹿》中的形象

A 云冈石窟　　**B** 莫高窟　　**C** 阴山岩画

正确答案是：B 莫高窟

九色鹿形象的创作灵感来自于敦煌壁画。敦煌莫高窟共有735个洞窟，约45000平方米的壁画，可以说是中国绘画的一个基因库。说起敦煌学，首先还不是它的壁画，而是敦煌第17窟藏经洞里的敦煌文献。1900年王道士发现了这个藏经洞之后，文献、壁画、彩塑受到了列强的侵夺、损害，所以以前学术界有一句名言是"敦煌者，吾国学术之伤心史也"。但是后来敦煌学的发展推动了整个学术研究的发展，尤其是藏经洞的文献涉及史学、语言学、考古学、民族学、文学艺术等多方面。举个例子大家就可以感受到敦煌学有多重要。李白的《将进酒》我们很熟悉，可是我们后来从敦煌文献里发现它原来不叫《将进酒》，而叫《惜樽空》，而且李白的原诗《惜樽空》比《将进酒》还狂：《将进酒》里是"天生我材必有用"，《惜樽空》里是"天生吾徒有俊才"；《将进酒》里是"与君歌一曲，请君为我侧耳听"，《惜樽空》里是"与君歌一曲，请君为我倾"；《将进酒》里是"古来圣贤皆寂寞，惟有饮者留其名"，《惜樽空》里是"古来圣贤皆死静，唯有饮者有其名"。是不是更霸气、更张狂？所以敦煌学在今天是一门显学，特别重要。季羡林先生曾在《敦煌学、吐鲁番学在中国文化史上的地位和作用》中写道：

世界上历史悠久、地域广阔、自成体系、影响深远的文化体系只有四个：中国、印度、希腊、伊斯兰，再没有第五个；而这四个文化体系汇流的地方只有一个，就是中国的敦煌和新疆地区。**（郦波）**

莫高窟的魅力有多大？

长城是我国首批世界文化遗产。请问，下列哪一项不属于长城沿线世界文化遗产？

A 莫高窟　　B 秦始皇陵及兵马俑坑　　C 安阳殷墟

正确答案是：C 安阳殷墟

　　因为我的专业是研究文字学，所以殷墟我经常去，去年年底还去了安阳，当时感慨万千，写了一首诗："断经之气懂罗王，人过安阳念四堂。万古兴传星火事，殷墟甲骨是沧桑。"2021 年是中国考古百年的纪念，纪念活动就在安阳举办。安阳殷墟的考古多达 15 次发掘，全部是由我们中国学者独立完成的，成为中国考古学的基石与原点。我经常讲我们这一代学者特别幸福，为什么呢？比如我们研究文字学，有这个学科最权威或者说是宗师级的著作——许慎的《说文解字》。大家都把它当字典，它其实是中国古代儒家的一部百科全书，解读从文字到各种文化的百科全书。《说文解字》大概有不到十分之一的字的解读是有问题的，就是因为许慎没有见过甲骨文，而我们今天的学者无比幸福，因为通过殷墟的考古发现，在文字上我们能追到的源头是甲骨文。17 万片甲骨总共提供了大约 4500 个甲骨文单字，我们今天破解了不到 2000 个，在这里我也做个广告，中国学术界有一个悬赏，破解一个甲骨文并得到学术界认可，奖赏 10 万元，一个字 10 万元，真的是一字千金，所以殷墟的这个考古发现太重要了。可能大多数人去过秦始皇帝陵，去过莫高窟，但去过殷墟的比较少。我强烈建议大家有机会一定要去那里追根溯源。

说到追根溯源，我想起了另一个源头。殷墟现在叫安阳，在古代它叫什么呢？甲骨文里叫它商邑或者大邑商，是商朝后期的都城，盘庚迁都到了这里，但是在迁都之前殷墟叫什么？《竹书纪年》里记载"盘庚十四年自奄迁于北蒙，曰殷"，所以说北蒙是殷商盘庚迁都之后的地方，是殷墟的前身。从王懿荣与甲骨四堂对甲骨文的发现，再到小屯村的考古发现，再到殷墟的考古发现，我们找到了北蒙真正的所在，也找到了中国文字的源头和中国文化的源头。**（郦波）**

莫高窟是这三个选项里最不具有争议的一个，它是长城沿线的遗址。莫高窟与龙门石窟、云冈石窟、麦积山石窟并称中国四大石窟，在四大石窟之中莫高窟存在时间最长、面积最大。它始建于前秦宣昭帝苻坚时期，后历经北朝、隋朝、唐朝、五代十国、西夏、元朝等朝代的凿建，形成了巨大的规模，有洞窟 735 个。可能大家比较熟知的故事是藏经洞和王道士，还有侵略者对莫高窟进行的文化侵略，但实际上莫高窟的宝贝绝对不仅仅是藏经洞里藏的那些经卷，它的一切都是宝贝，比方说它的建筑，它的彩塑、壁画、文书等。我们从这里能够看到什么呢？从宗教角度看，从思想文化角度看，佛教中国化的历程就是在这里完成缩影。此外，那个时期的风土人情、穿衣打扮、文化娱乐等世俗生活，也在这里有非常清晰的反映。大家谈到敦煌莫高窟会想到著名的反弹琵琶，有人会觉得这是一个艺术造型，不可能反手弹，但是中央民族乐团团长赵聪就在我面前表演了反弹琵琶。她使用的是一个小琵琶，真的能够反手弹，所以那个时期是不是真的有人反弹琵琶呢？无从考证，也许只是一个造型，但是这个反弹琵琶却激发了人们更多的想象力。所以，莫高窟不仅仅是一个历史的宝库、艺术的宝库、科学的宝库，我觉得也是一个想象力的宝库，它激发了我们的灵感，去向往一个更美的时代。**（蒙曼）**

石窟是依山开凿而成的一种佛教寺庙建筑形式,随着丝绸之路的开通、佛教的传入,中国留下了灿烂的石窟艺术瑰宝。请问下列选项中,长城不经过的石窟是哪一个呢?

A 龙门石窟　　　**B** 云冈石窟　　　**C** 莫高窟

正确答案是:A 龙门石窟

　　洛阳的龙门石窟、大同的云冈石窟、敦煌的莫高窟和天水麦积山石窟是中国四大石窟。其实除了这四大石窟外还有一些石窟也值得一看,比如甘肃的天梯山石窟、敦煌边上的榆林窟、重庆的大足石刻、浙江的龙游石窟。为什么当时出现大量的石窟?因为佛教东传在北方建造了大量的石窟。北方当时完成了民族的大融合,但儒释道融合基本是在南方完成。为什么玄学一时兴起,就是用道教来救儒教,儒家的信仰被司马家搞得彻底崩塌,所以竹林七贤才那么悲观。然后用玄学,就是用道家来救儒家,救不了,再用佛家来救儒道,这样儒释道就融合在一起了。

　　我们知道魏晋南北朝大量的石窟开凿之后,对于中原文化的复兴起到了强大的刺激作用。我讲一个细节特别有意思:所有石窟我都去看过,特别感兴趣,可我在天梯山石窟里居然发现一个石像的衣服领子是西服领,这说明四五世纪的时候居然有西服领。敦煌壁画里的画像也有西服领子的造型,但天梯山石像的西服领是最标准的西服领,和我们现在的简直一模一样。很多人以为西服是从西方传来的,看到这个证据后,真是让我非常震撼。**(郦波)**

　　有着大卢舍那像龛的龙门石窟建议大家一定要去看一下。龙门石窟开凿时间很长,从北魏孝文帝开始一直到清末还有人在那儿开凿,它的精华集中在唐朝开凿那部分,2000多个石窟之中唐代开凿的占到60%。唐代开凿的所有佛像之中,最动人心魄的是奉先寺的卢舍那大佛。卢舍那大佛宝相庄严,而且它还很神奇。它是在咸亨三年开凿的,咸亨是唐高宗的年号,那时候皇后武则天已经跟唐高宗一起听政了,武则天捐了两万脂粉钱造的这个佛。卢舍那大佛的面部丰满、仪态慈祥、低眉含笑、端庄美丽,有人从仪表及容姿推断这是武则天 48 岁时的容貌再现,大有母仪天下的威严与风度。一般我们从人情上来讲,谁花钱就像谁。除了这个理由外,其实还有其他理由,从北魏以来皇帝们有这样一种想法,叫"凿神造佛,如镇地神",就是希望自己就是世间的佛,希望那个佛像长得像本人的样子,所以说那个佛像像武则天从观念理论上来讲是有道理的。当然,它也是佛教中原化的一个非常重要的表征,因为谁看那尊佛像都感觉是我们自己,无论她的庄严也罢、她的慈悲也罢、她的高贵也罢都来自我们这个民族,都属于我们这个民族的一种文化精神。所以我建议没有看过卢舍那大佛的人去看一看,那是我们心目中的中国化了的佛。(蒙曼)

"红脸蛋"怎么画?
"红脸蛋"这么画!

敦煌石窟不仅是世界上著名的艺术宝库,还是一座丰富多彩的颜料标本博物馆。敦煌壁画之所以能够历经千余年而不脱色,以下哪个说法不正确?

Ⓐ 敦煌壁画颜料主要是来自进口宝石、天然矿石和人工制造的化合物

Ⓑ 敦煌壁画全部采用中国传统的色晕法使得色彩艳丽持久

Ⓒ 中国古代的化学工艺技术和颜料制备技能在当时居世界领先水平

敦煌壁画

正确答案是：B 敦煌壁画全部采用中国传统的色晕法使得色彩艳丽持久

我们中国有一句话叫"月满则亏，水满则溢，言满则错"，B选项说"全部"，"全部"这事儿是靠不住的，尤其放在敦煌那个地方就更靠不住了。敦煌壁画的确采用了中国传统的色晕法，我们看敦煌壁画那著名的红脸蛋儿、红色的眼影，都是采用的色晕法。色晕法是中国的传统技法，战国时就有，到西汉已经非常成熟了，发展到敦煌莫高窟这个时期便可大量使用了。季羡林先生说得非常好：敦煌是一个大的十字路口，中国文化、印度文化、希腊文化、伊斯兰文化就在那儿交汇。所以敦煌壁画怎么可能全部是采用的中国的技法呢？它还采用了非常著名的凹凸技法，又称为于阗技法。米兰石窟也罢，龟兹石窟也罢，克孜尔石窟也罢，这些都采用了凹凸技法，敦煌石窟也是采用凹凸技法来表现那种立体感的。凹凸技法是公元六七世纪流行于西域的一种

绘画方式，代表人物是唐代于阗地区的尉迟乙僧，所以艺术史上把这种画法称作"于阗画派"，"于阗画派"又被称作"凹凸画派"。随着尉迟乙僧移居唐都长安，这种具有鲜明异域色彩的绘画方式也随之进入中原画坛。凹凸画法是沿着丝绸之路传过来的，在唐朝风靡一时，大大丰富了中国的传统艺术。

（蒙曼）

 美国联邦最高法院门楣上的三座雕像，其中竟有一位中国人

春秋时期修筑的齐长城绵延千里，昂然屹立齐鲁大地之上。学术界一般也认为齐长城是修建得最早的长城之一。长城的另一边是周王室宗姓诸侯国鲁国，都城在曲阜。说到山东曲阜，必须要提的是被称为万世师表的圣人孔子。孔子创立了儒家思想，创办私学，是伟大的思想家、政治家、教育家。请问，以下哪个成语是发生在孔子身上的典故？

A 汗牛充栋　　**B** 韦编三绝　　**C** 孜孜不倦

正确答案是：B 韦编三绝

孔子作为一个好老师，他得有内在修为，所以"韦编三绝"是讲孔子读《易经》，因为他孜孜以求才有这样的学问与见解，才能教会世人道德伦理等很多我们中华文化的核心内容。"汗牛充栋"是晚唐的成语，出自柳宗元给一

美国联邦最高法院门楣上的雕像群（左起：孔子、摩西、梭伦）

个姓陆的写的墓表，其中有"其为书，处则充栋宇，出则汗牛马"，意在说他爱念书，爱念书到什么程度呢？他的书堆到屋子里的时候，能把整个屋子堆满；如果把书运出去的话，牛马累得满身是汗也运不完。"孜孜不倦"出自《尚书》，周公姬旦去世后，其子君陈代替周公履行职责，周成王告诫他"惟日孜孜，无敢逸豫"，意思是你每天要好好干，哪天也不能够"躺平"。咱们再来说孔子，孔子不仅仅是中国的圣人，他对世界文化做出的贡献也很巨大。举一个例子，美国联邦最高法院东门有雕塑群，中间的雕塑是代表律法的摩西，东边的雕塑是代表道德的孔子，西边的雕塑是代表政治的梭伦，法律和道德是息息相关的，他们认为孔子是道德的代表。**（蒙曼）**

甲骨文"长"图解

河南是中原文化的发源地,蕴藏着中华民族深厚的文化和历史。在河南的贾湖遗址中发现了世界上年代最早、保存最完整的乐器——骨笛,这一发现改写了世界音乐史,推翻了中国笛子西来说和七声音阶外来说。同时,贾湖遗址在甲、骨、石、陶器上发现的契刻符号,对汉字起源的研究也有重大价值。说到最早的文字,还得说安阳发现的甲骨文,它的发现肯定了一个距今 3000 多年跨度长达 600 多年的朝代,汉字也就此成了世界上唯一没有中断使用过的文字形态。请看图,图中呈现给大家的甲骨文是什么字?

A 兵　　**B 乐**　　**C 长**

正确答案是：C 长

严格说图中的这个字并不是标准的甲骨文，它借用了金文的形态。这三个字放在一起特别有意思："兵"上面是一个斤，就是斧头，底下手握着巨斧。"乐"刚好相反，上面是两个丝弦，底下是一个支架，"兵""乐"是对称型的甲骨文，但"长"不是对称型的甲骨文，《说文解字》说"长者久远也"，"长"指的是价值的久远。《广雅》里说"长者，老也"，就是长发之意，只不过甲骨文里的长发原来大多是向左飘，后来是向右飘。最早的甲骨文只说头发，延续到后来还有个拄着拐棍的形象，这形容的是我们时间延续性的文明，尊重的是长者。古人说身体发肤，受之父母，不能轻易毁损，所以头发随着年龄的增长而增长，包括胡子也是这样的。在古代，尤其是明朝时期，要是当宰相，如果胡子不好看或胡子不长是没有资格进内阁。头发对于古人而言非常关键，所以引申为长者。长者代表了价值的掌控者，长是它的本意，引申意里就有价值的崇高与伟大。长城英文翻译叫"Great Wall"，这个"Great"就有价值伟大的引申意在里面，所以这个长城的英文翻译是非常精彩的。**（郦波）**

不会改良毛笔的"工头儿"不是好将军

历代长城的修建其实是一场不断传承的浩大工程，无数传奇人物串联起了这项千秋伟业。请根据下列线索，说出这位与长城有关的人物：

> 线索：1. 他是一位秦朝将军；2. 传说他曾经改良毛笔，被誉为"笔祖"；3. 他主持修筑万里长城和秦直道。

正确答案是：蒙恬

　　蒙恬修的长城西起临洮、东到辽东，是真正的万里长城。出题的时候提示项特别精准，他改良了毛笔，被称为"笔祖"。他不是发明毛笔的人，因为有个很重要的证据，殷墟考古的时候，在甲骨卜辞里已经可以看到甲骨上的卜辞有墨写的痕迹。除了甲骨卜辞，陶片上也有文字的书写，比如有一个祭祀的"祀"，这个字它的书写就是笔锋粗细有致，非常鲜明，考古学家认为一定是用毛笔才能写出这样的风格，所以蒙恬是修筑长城的功臣，也是改良毛笔的功臣。**（郦波）**

诗人们的边塞理想

 | 古人告别长安,仪式感满满

居庸关是万里长城最负盛名的雄关之一，自古被称为"控扼南北之古今巨防"，这也体现出北京作为世界文明古都的重要地位。如今的北京作为举世闻名的国际化都市继续散发着独特的魅力，2022冬奥会使北京喜提世界唯一的"双奥之城"称号，这也为北京历史又添上了浓墨重彩的一笔。提到冬奥会，让人记忆犹新的是闭幕式上作为奥运会传统的缅怀环节，在现场响起了《送别》的音乐，演员手拿柳枝惜别冬奥，诠释了中华民族传承千年的"惜别怀古"之情，这也是对"更团结"奥林匹克格言的中国式表达与升华。请问，以下哪一句与柳有关的诗更贴近这个环节所表达的情感呢？

A 渭城朝雨浥轻尘，客舍青青柳色新

B 若使春风知别苦，不应吹到柳条边

C 柳条折尽花飞尽，借问行人归不归

正确答案是：C 柳条折尽花飞尽，借问行人归不归

这题出得确实非常有难度，B选项"不应吹到柳条边"大家首先应该把它排除，这是纳兰容若的一首诗，诗的题目就叫《柳条边》。柳条边相信大家都非常熟悉，就是盛京边墙，所以它是首先要排除的。那么A选项和C选项之间的区别是什么？首先是A选项大家太熟悉了，也会容易选A选项，A选项的诗题叫《送元二使安西》。《送元二使安西》特别重要的一点是它提到了唐人的"送别三宝"，哪三宝呢？"劝君更尽一杯酒"——酒是肯定要有的，"客舍青青柳色新"——柳一定要有的，还有一个是诗。酒、柳、诗，称为唐人"送别三宝"。而C选项的诗句出自隋代无名氏，这首诗的题目叫《送别》，原诗是"杨柳青青著地垂，杨花漫漫搅天飞。柳条折尽花飞尽，借问行人归不归。"请注意，这里有个"柳条折尽"，虽然王维写道"客舍青青柳色新"也有这个寓意，但他并没有明确写出"折尽"。"送别三宝"中的酒就不用说了。

柳和乐自南北朝以来专讲的是汉乐府中的一首曲子《折杨柳》,在隋唐时期成为一个著名的笛曲,所以在送别诗里写出折柳更合乎这个送别的原意。这个题目问的是哪句诗更贴近这个环节表达的意思,所以把折柳的意思写得很明确。

古人很有仪式感,不像现在有高铁、有动车、有飞机,离开得快回来得也快。古人一去可能数月、数年,也有可能终生难见,所以要折一枝柳送给朋友。为什么要折一枝柳?因为柳者,留也,折柳的含义就是惜别。另外一首《送别》我们就更熟悉了——"长亭外,古道边,芳草碧连天。晚风拂柳笛声残,夕阳山外山。"李叔同扣着那个笛声残,特意用了晚风拂柳,其实就是暗含着《折杨柳》曲。(郦波)

唐诗有名句:"劝君更尽一杯酒,西出阳关无故人。"请问,诗中的阳关位于现在的什么地方?

A 张掖　　　　B 嘉峪关　　　　C 敦煌

正确答案是:C 敦煌

《送元二使安西》其实它的断句应该是"送元二 / 使安西",送元二这个人出使去安西都护府,但元二是谁呢?在古诗里经常会出现这样的情况,再比如王勃写《送杜少府之任蜀州》中著名的诗句"海内存知己,天涯若比邻",那么杜少府是谁我们也不知道;还有《芙蓉楼送辛渐》中的辛渐这些人其实都不出名,关键是他们有一个诗人朋友,所以就能名垂史册。

古人的送别不像今天,一别之后有可能终生都难以再遇了,所以送别是很值得珍重的。长安有两大送别名地,往东边去就在灞陵,李白写"年年柳色,灞陵伤别",灞陵是著名的送别之地,最近考古队在灞陵还发现了汉文帝的墓葬——灞陵墓葬。往西边去就在咸阳,王维的《送元二使安西》,其实相当于在咸阳这里送别,根据唐代诗人王维的七言绝句《送元二使安西》谱写的古琴曲《阳关三叠》,又名《阳关曲》《渭城曲》,这是最有名的送别曲。(郦波)

敦煌阳关　　　　　　　　　　　　　　摄影 / 董旭明

唐人七绝压卷之作，王昌龄《出塞》到底有多绝？

王昌龄的《出塞》被称为唐人七绝压卷之作。其中开篇第一句"秦时明月汉时关"，这个关最不可能是以下哪个关？

A 玉门关　　B 嘉峪关　　C 山海关

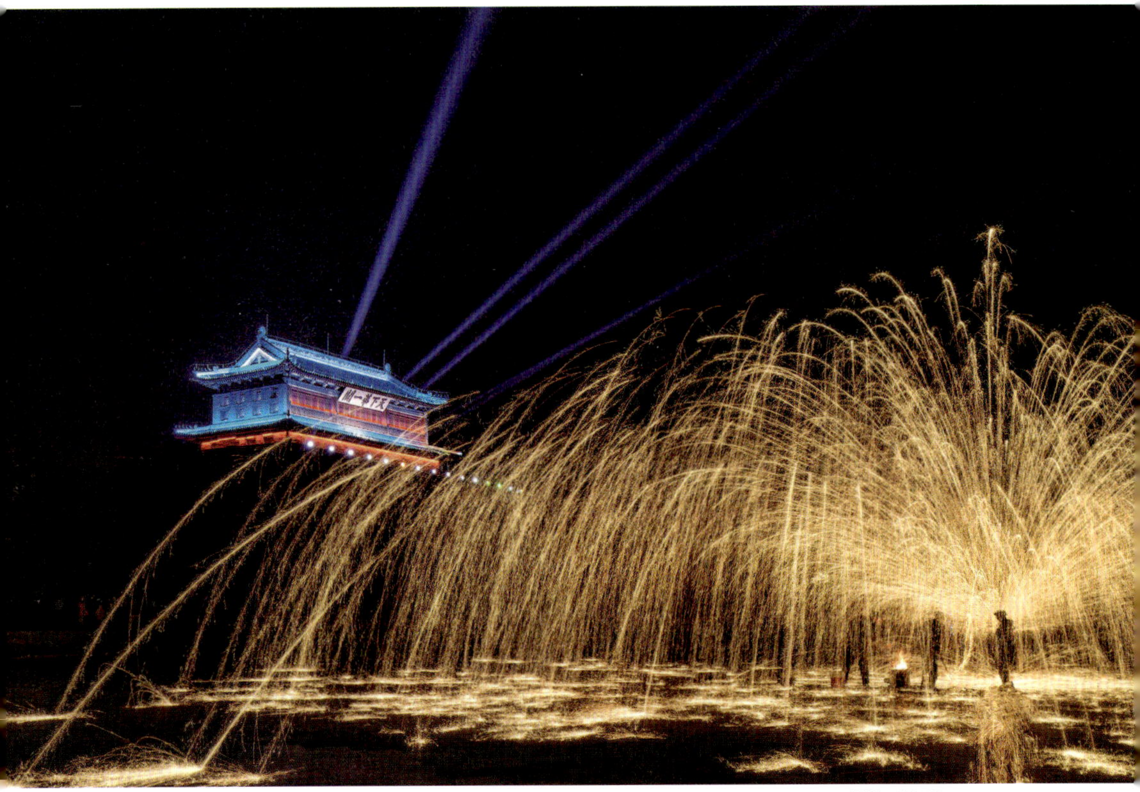

山海关　　摄影/董旭明

正确答案是：C 山海关

我特别喜欢王昌龄的这首《出塞》，是组诗中的第一首。明代的"后七子"的领袖人物李攀龙，曾经评它是唐人七绝的"压卷之作"。压卷之作那就不得了了，李攀龙是明代的大才子，有人说他在文学造诣上比唐伯虎还要厉害。明代的大才子杨慎在编选唐人绝句的时候，也将这首《出塞》列为全唐第一。

我们说一首诗的开篇特别重要，你看《出塞》后面的诗句"但使龙城飞将在，不教胡马度阴山"非常有气势，因为内涵有爱国主义精神，但这个气势是怎么来的，关键就在第一句"秦时明月汉时关"，那么这里的"关"是指哪个关呢？其实应该是所有的雄关。我们一般在解读这首诗时，首先说这个地方用到了互文的修辞手法，"秦时明月汉时关"，我记得我在给学生上课的时候，有学生曾经问我，能不能改成汉时明月唐时关呢？隋时明月唐时关呢？不能。王昌龄用得太妙了，因为秦和汉是进入封建社会之后两个大一统的王朝，随着制度的奠定，使得秦汉成了时间的坐标，可以想象它拓开的是一个空间的概念，所以一个无比阔大的时间轴和空间轴一旦架构起来，成了一个立体的空间画面，然后在这个阔大的时空概念中，一句"万里长征人未还"，那样的深情，一下子就为全诗注入了人性。紧接着第三句英雄出现了，"但使龙城飞将在，不教胡马度阴山"，可以想象一下，它像不像西方戏剧结构里，在一个舞台的构建中主人公出场，随着戏剧矛盾加剧绝世英雄出现，当然关于这个英雄"龙城飞将"到底是李广、卫青还是霍去病，文学史上争议很大，但我个人认为它是包含了那个时代的英雄群体的群像，所以这首《出塞》恒为经典。**（郦波）**

高适：
因军功而封侯的边塞诗人

古代有一位著名边塞诗人，曾在古长城边写下很多边塞诗，这位诗人是谁：

线索：1. 经常与另一位边塞诗人相提并论；2. 代表诗句中有"知己"这一词语；3. 他写过一首诗，名字叫《营州歌》。

正确答案是：高适

  高适和岑参是盛唐边塞诗派两大并列的领袖级诗人，是并称的。高适的《营州歌》中，营州是在辽宁朝阳一带。高适在唐代诗人里算是非常独特的，他独特在哪儿呢？他平生一直是厌倦仕途、屈居下流，甚至李白当年被赐金放还的时候，在现在的洛阳碰到了杜甫，然后又碰到高适，高适当时在商丘种地，他的这个种地可不是像诸葛亮那样躬耕南阳，他是真的靠种地来养活自己，就穷困到了这个地步。然后三个人一起壮游天下，成为中国旅游史的一段佳话。后来高适出塞从军，写了大量的边塞诗，当然最有名的是《燕歌行》《别董大》这些送别诗。所以高适最独特的是什么呢？是唐代诗人中的大器晚成以及不抛弃不放弃的品格。安史之乱爆发后，他开始建功立业，获封渤海县侯。他到了四五十岁的时候才崭露头角，唐代诗人中因军功而封侯的只有高适。

  高适与岑参相互认识，但是来往不多。岑参比高适年龄小很多，王昌龄又比他们两个人年龄还要大一些。有一件非常有趣的事，岑参碰到了王昌龄后，请王昌龄吃饭，王昌龄刚从塞外回来，席间就和他讲塞外风光何其壮美。

岑参听了之后,吃完饭就出塞从军去了,并且成了边塞诗人,所以说诗人也有"朋友圈",边塞诗人尤其有一个稳定的"朋友圈"。(郦波)

"人歌小岁酒,花舞大唐春", 这是渐冻症诗人笔下的盛唐气象

诗句"塞门风稍急,长城水正寒"描写了紫骝马的勇猛,作者还曾拜药王孙思邈为师。请问,这位诗人是谁?

A 王勃　　B 杨炯　　C 卢照邻

正确答案是：C 卢照邻

　　这是一首典型的边塞诗,为什么呢?因为紫骝马是汉乐府横吹曲辞中的一个常用题材,杨炯、李白都曾写过紫骝马。王、杨、卢、骆是初唐四杰,初唐四杰中擅长写边塞诗的是杨炯,他的《从军行》"宁为百夫长,胜作一书生"写出了从戎书生保边卫国的壮志豪情。而卢照邻反倒并不擅长写边塞诗,但是他偶有几作像"雪似胡沙暗,冰如汉月明"也非常有名。说到卢照邻这个人特别感慨,他的命运相对来讲虽然没有王勃那么悲惨,但也非常凄凉。王勃是落水而英年早逝,属于意外,卢照邻却是投水自尽,为什么投水自尽呢?因为他患了一种病,就是渐冻症,后来基本上只有几个手指头还能动。他曾经拜药王孙思邈为师,可还是救不了自己,所以在 41 岁的时候投颍水自尽而死。在他自尽前那一年,他以患病之躯写下了"人歌小岁酒,花舞大唐

春"的诗句，所以这就是唐代的气象，个体的命运可能悲惨至极，可是一个时代的气象，依然在诗人的笔下绽放光彩。（郦波）

从陆游诗词看文人气度：
也许现实很骨感，
但是永远不会放弃理想的丰满

诗句"塞上长城空自许，镜中衰鬓已先斑。"出自陆游的：

A《书愤》   **B**《示儿》   **C**《自嘲》

正确答案是：A《书愤》

　　"早岁那知世事艰，中原北望气如山。楼船夜雪瓜洲渡，铁马秋风大散关。塞上长城空自许，镜中衰鬓已先斑。出师一表真名世，千载谁堪伯仲间！"其实中国知识分子是最讲究朋友圈的，都是"志同道合"的"有朋自远方来"。所以你看他的诗句中"楼船夜雪瓜洲渡，铁马秋风大散关"是回忆自己当年抗金的经历，他 37 岁的时候任镇江的通判，相当于镇江市副市长，当时这里是宋金战争前沿，他虽然没有亲自作战，却也在战争的前沿。"铁马秋风大散关"就是后来他来到川中，做四川宣抚使王炎的幕僚，开启了一段为期 8 个月的戎马岁月，亲自在大散关作战，这是陆游真实的战争经历，所以他非常骄傲。然后说道"塞上长城空自许，镜中衰鬓已先斑"，可是这一腔报

北京市怀柔区慕田峪长城　　　　　摄影/董旭明

国之志在投降派主政的情况下有什么用呢？"塞上长城"是用了一个典故，当年宋文帝要北伐，所谓"元嘉草草，封狼居胥，赢得仓皇北顾"，北伐失败宋文帝把责任归咎于檀道济，要杀了檀道济。檀道济是当时的名将，临死之前说了一句"乃坏汝万里长城"，檀道济以长城自喻，比喻能守边的将领。所以陆游前面在说自己的抗金经历，然后用"塞上长城"找到了前贤进行自比，最后讲到最终的榜样是什么——"出师一表真名世，千载谁堪伯仲间"，有诸葛丞相在，我这尽忠率兵又算什么呢？所以中国人总有一种精神的长城力量。

董耀会老师说过，长城上每一块砖、每一块石头可能很普通，但当它们合在一起就变成了长城的奇迹。每一个中国人、每一个知识分子，他可能很普通，可能有他的缺点，有他的弱点，可是都有一种薪火相传的意志，所以我讲长城长不光是空间的绵长，还有时间的悠长、有精神价值意蕴的深长。陆游最后一定要找出知识分子的楷模诸葛武侯来，所以将这种精神的力量放在现实的面前，也许现实很骨感，但是永远不会放弃理想的丰满。（郦波）

短小《敕勒歌》
何以见识中国诗歌之伟大

"天苍苍，野茫茫，风吹草低见牛羊……"这首广为流传的《敕勒歌》所描绘的核心地区是指今天的哪片地区？

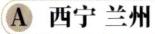 A 西宁 兰州　　 B 呼和浩特 包头　　 C 张家口 承德

正确答案是：B 呼和浩特 包头

其实文史学界对于敕勒川具体在什么地方确实有所争议，但是从狭义的角度来看，北魏时期敕勒川的核心区域应该就是从河套平原到土默川平原。我们知道土默川平原现在又被称为呼和浩特平原，我在教文学史的时候经常举例中国的诗歌之伟大，从短小的《敕勒歌》就可以看出来。首先，这首北朝民歌并不是来自于文学作品集，它最早见于《北史·齐本纪》，当然《北

草原风光　　　　　　　　　　　　　摄影 / 董旭明

齐书》里也有记载。其次，这首诗写得特别棒，我经常说小朋友一定要学诗词，因为你可以通过诗词去学很多东西，比如你可以通过《敕勒歌》学科学，我们一般都以为天地相交的地方叫作地平线，可是更科学的说法叫什么呢？就是《敕勒歌》里的"天似穹庐，笼盖四野"，"穹庐"告诉我们什么呢？天文学上叫作地平圈，就是以你为中心，你的头顶为天顶的顶点，这个下面叫地平圈，在古诗词里第一个把地平圈最形象地表现出来的就是《敕勒歌》的"天似穹庐"。因为有地平圈的概念，天文学上我们才可以确定星系和它们的位置所在。

第三，我们通过《敕勒歌》还可以学什么？学中国的历史。什么历史？民族大融合的历史。这首歌最早其实是一首军歌，我们讲《木兰辞》有打仗"朔气传金柝",但是《敕勒歌》里好像没有,那为什么说它是一首军歌呢?《北齐书》,包括《北史·齐本纪》里记载,高欢带领他手下的十万将士,这里主要是以敕勒族为主去打玉璧,玉璧守军只有几千人,这是一个著名的以少胜多的战役——玉璧之战。高欢碰到了出奇的将才韦孝宽,怎么也打不下来,结果瘟疫又暴发,死了7万人,只好退军。退军的时候军心涣散,于是高欢犒赏三军,可是士气还是提不起来,高欢就让他手下的大将斛律金唱一首歌,斛律金就唱了这首《敕勒歌》,然后全军跟着他唱,军心在这样的一首歌里重新得以凝聚,所以这首歌拯救了一支军队。这是它的历史,那么我要说的是什么呢?这个斛律金是敕勒族将领,高欢是一个鲜卑化的汉人,敕勒族有语言,当时没文字,翻译成了鲜卑语,然后又翻译成了汉语——当时的齐语。所以后来有一位诗人叫元好问,写了一首著名的诗说"慷慨歌谣绝不传,穹庐一曲本天然。中州万古英雄气,也到阴山敕勒川"。中原的英雄气和阴山的《敕勒歌》融为一体,从语言上就可以证明这首歌见证了当时北方的民族大融合。(郦波)

在战场上,若想通过唱诗的方式鼓舞士气,下列哪一句最为合适?

A 岂曰无衣,与子同裳   B 呦呦鹿鸣,食野之苹   C 既见君子,云胡不喜

正确答案是:A 岂曰无衣,与子同裳

"岂曰无衣,与子同裳。"出自《诗经》中的《秦风·无衣》。这首诗表现的是战争题材,描写的是战友要协同作战、同甘共苦的场景,充满了爱国主义激情,最适宜在战场上鼓舞士气。

 "黄沙百战穿金甲"的科学性在哪？

唐朝诗人王昌龄曾写过一首关于长城重要关隘玉门关的诗句是：

A 新栽杨柳三千里，引得春风度玉关

B 愿得此身长报国，何须生入玉门关

C 青海长云暗雪山，孤城遥望玉门关

正确答案是：C 青海长云暗雪山，孤城遥望玉门关

　　王昌龄、王维、岑参都是著名的边塞诗人，其实从汉乐府以来就有边塞的创作，尤其是盛唐气象一出就涌现出了大量的作品。其中王昌龄的《从军行七首》写得特别棒，王昌龄有"七绝圣手"之称，又叫"诗家夫子"，"黄沙百战穿金甲，不破楼兰终不还"，特别有气势，这个气势里最精妙的是蕴藏着科学道理，"黄沙百战穿金甲"，黄沙为什么百战能穿金甲，其实是因为黄沙的莫氏硬度比金甲的莫氏硬度高。那么，莫氏硬度最高的是什么，是金刚石，也就是钻石，莫氏硬度达到 10 级，我们制作玻璃要用沙子，尤其是石英砂中，石英的莫氏硬度可以达到 7 级，而大多数钢铁、金甲、铁甲的莫氏硬度其实只有 4 级或者 5 级，所以从硬度上来讲黄沙百战一定是可以穿金甲的。这里不仅藏着科学，还有一种无穷的气势，这就是中国的诗歌之妙。

（郦波）

长城与黄河的"握手"

 "三过家门而不入"的传说，
原来还跟老牛湾有关

老牛湾望河楼　　　　　　　　　　摄影／董旭明

内蒙古自治区与山西省交界处的老牛湾，以黄河为界，南依山西省偏关县，北靠内蒙古自治区清水河县，西邻鄂尔多斯高原的准格尔旗。黄河从这里入晋，长城在这里交汇，晋蒙大峡谷以这里为开端，黄河在此处有个大回头，形成了近360度的大转弯，被誉为"天下黄河九十九道湾"里最美的一湾，中国最美的大峡谷之一。老牛湾也是长城沿线15省的长城国家文化公园的45个重点建设项目之一。老牛湾境内的长城遗址，西起老牛湾口，东至丫角山，全长150千米，这里有砖砌型、夯土型的长城分布，距今已有500多年的历史。绵延8千米的长城，沿陡峭的山峦延伸，与黄河并行向南。这里的景观因巧夺天工而奇秀，黄河天险成就了老牛湾的雄伟，长城古堡为她增添了无限神韵，这里是长城文化与黄河文化的交融之地，被称为长城与黄河握手的地方。请问，这段与黄河交汇的长城是历史上哪一段长城？

A 汉长城　　**B** 金界壕　　**C** 明长城

正确答案是：C 明长城

　　说到老牛湾，它有很多传说，比如说大禹治水，三过家门而不入。传说当时大禹的夫人涂山氏就住在老牛湾，三过家门而不入就是在这个地方。再比如说它为什么叫老牛湾呢？当地民间传说有一首打油诗："九曲黄河十八湾，神牛开河到偏关，明灯一亮受惊吓，转身犁出个老牛湾。"讲的是当时的洪水时期，暴雨下了七七四十九天，太上老君看到民间疾苦，就让自己的坐骑板角青牛去疏通河道，大青牛就下了凡。大青牛很勤劳，埋头在那里劳作，到了晚上老百姓知道了这件事，老百姓就点着灯来给它照明，可是大青牛没见过人间灯火，一下子出现这么多火把，受到惊吓转头就跑，一转身犁出个老牛湾，老牛湾的名字就是这样得来的。**（郧波）**

山海之间
生生不息

 品尝美食、不劳作？
二月二原来是这么回事

二月二龙抬头是我国民间传统的节日，近年来素有"天下第一关"之称的山海关充分利用独特的龙文化资源，在每年二月二举办龙抬头庙会，对弘扬中华传统民俗文化、提高山海关的知名度起到了重要作用，山海关长城入海处还有老龙头的称呼。龙抬头虽然有着久远的历史源头，但广泛流传成为全国性的节日并出现在文献记录上是在哪一个朝代呢？

A 唐代　　B 宋代　　C 元代

正确答案是：C 元代

二月二的习俗大家都知道，正月不剃头，二月二开始剪头发，叫剃龙头，还有二月二吃龙须、吃面条、吃猪头肉等民俗,但实际上二月二和龙抬头是分着的,后来才拧到一起。二月二是唐朝时候的节日,唐德宗觉得正月有节日、三月有上巳节、四月有佛诞节,每个月都有节日,就这个二月没有节日,所以他就设了一个二月一日的中和节。但实际上民间就把它过到二月二了,因为元旦一月一,然后就顺着二月二、上巳三月三,所以白居易的"二月二日新雨晴,草芽菜甲一时生",就说那个时候是挑野菜的时候,一直到宋朝二月二也叫挑菜节。

龙抬头是怎么回事呢?龙抬头最早其实是天象。古代人们把黄道附近的星象划分为二十八宿,又把二十八宿按不同的方位划分为东青龙、西白虎、南朱雀、北玄武四宫。东边的苍龙星到冬天的时候就隐没了,在北半球看不见了,然后到春天从二月二晚上开始渐渐地出现在地平面上。《说文解字》中讲龙,说"春分而登天,秋分而潜渊",不要以为它真的讲一条龙,它讲的是宇宙,是天象的变化,二月二正是龙抬头的时候。

文献记载,把二月二跟龙抬头结合在一起是在元朝,元朝《析津志》有一个篇章叫作岁季,其实就是岁时节令的意思,里面就说到二月二龙抬头,还有具体的过节内容,就是让人们从井边用石灰引一条白线,把龙引到自己家里,这叫引龙,然后那一天不许干活,要是拿剪子干活那就是挑了龙眼,其实也是放假休息一天的意思。

我们中国好多的节日都是这样,第一要品尝美食,第二要不劳作。从《析津志》的记载上来看,我们知道了二月二与龙抬头已经放到一块儿了,而且有了一些具体的过节办法,所以有了这道题的答案,最早的二月二龙抬头出现在元朝。(蒙曼)

翦伯赞用现代汉语写七绝，竟毫无违和感

1961年夏，历史学家翦伯赞在探访内蒙古长城遗址时，曾有诗云："望断云中无鸽起，飞来天外有鹰扬。两千几百年前事，只剩蓬蒿伴土墙。"请问，翦伯赞吟诵的是哪一段长城？

A 秦长城　　**B** 战国赵长城　　**C** 汉长城

正确答案是：B 战国赵长城

　　翦伯赞先生是著名历史学家，尤其对先秦的研究非常精深。1961年他来到内蒙古自治区，历时两个月，行程15000余里，把见闻写入了《内蒙访古》。他在登临大青山战国赵长城的遗址时写了这首诗。这首诗是标准的七绝，但是你看这句"两千几百年前事"，这是一种典型的现代汉语，他把现代汉语融入格律诗的创作中，却毫无违和感。"两千几百年前事""只剩蓬蒿伴土墙"那种深沉的情感，那不是文人的感慨，而是历史学家的感慨，所以我觉得中国的文化里经常讲文史不分家，搞文学创作首先史学要精深，搞史学的对文学也有了解，这样才叫水乳交融，这一首诗就体现出了你中有我、我中有你的交融。（郦波）

　　翦伯赞先生的《内蒙访古》给我印象最深的是他讲呼伦贝尔大草原是古老游牧民族的摇篮，在这片草原上有一个非常英勇的索伦部，索伦部包括鄂温克、达斡尔和鄂伦春等族。在300多年前他们接受了国家的号召，从祖国正北方长途跋涉到祖国的正西方，在伊犁地区戍边，1000多位将士快马

加鞭走北道，3000 多位家眷扶老携幼走南路，走了一年两个月零十天，成为一部为国戍边的史诗。(王纪言)

阳刚又梦幻的冶铁行业仪式感
——长城铁花

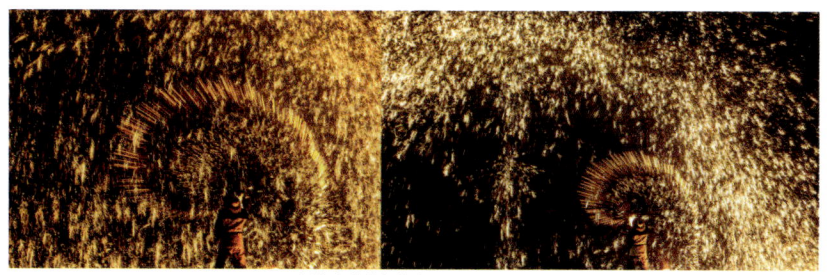

河北省蔚县打铁花　　　　　　　　　　摄影／董旭明

打铁花是我国民间流传下来的表演艺术瑰宝，其中"长城铁花"更是以悠久的历史和多样化的表演形式，成为中国非物质文化遗产项目。请问，打铁花这一表演形式的起源是什么？

A 古代长城守卫的防御手段

B 长城修筑者的消遣活动

C 古代铁匠们的创意

正确答案是：C 古代铁匠们的创意

它肯定是打铁人创造的,但是起源现在记载不清晰,一般说是北宋出现,到了明清时候就比较兴盛了,为什么人们认为它出现在北宋呢?因为北宋冶铁很厉害,像山西的泽州、河南的确山等都是当时的冶铁中心,冶铁师傅们在锻造的过程中,只要温度到了1600度就会出现这种四溅的铁花。打铁师傅们会有自己的行会活动,比方说每年过年的时候得歇业,到初五开业,开业总得有一些仪式,这种看起来很刚猛的活动就成了仪式的组成部分。那么这个仪式,通过参与祭祀活动、开业活动,逐渐演变成了一种民俗活动。然后随着铁匠师傅们的迁徙流传到各个地方,所以没有人能说清楚哪一天人们开始打铁花了,但是它一定是跟冶铁业的兴盛伴随在一起、跟这个行业的仪式活动伴随在一起、跟铁匠师傅们的迁徙伴随在一起的。(蒙曼)

虽然没有办法确定它最早的源起,但是它从北宋时期开始,尤其是像确山这些冶铁中心开始,在山西、河南地区兴盛起来,所以它最早的时候是黄河流域的十大民间艺术之一,后来延伸到长城区域,把黄河和长城用一个铁花联系了起来。这让人越想越觉得有意思,因为从奔腾咆哮的黄河到长城,铁花特别能体现这种阳刚的气概。长城脚下打铁花的艺术方兴未艾还有一种特殊的原因,长城脚下的互市贸易中,游牧民族最缺的是什么?是铁器,所以他们用马换盐等生活物资再加上铁。铁很关键,尽管游牧民族战斗力很强,可是战备物资中最缺的就是兵器,就是冶炼技术。铁匠从中原地区到长城沿线,他的市场是毫无疑问的,所以张居正当年严禁铁匠以及铁器进入互市。这就可见长城铁花在当时的时代和区域背景下得以传承昌盛的重要原因。(郦波)

郦波：
戚继光凭这两本军事著作
能在国防科技大学评教授

骑墙敌台是长城上重要的防御建筑，其内部中空可以驻兵，上有楼橹，下可发射箭矢火炮，还可以贮存兵器物资，增强守军的战斗力。请问，北京境内最早修建这种骑墙空心敌台的将领是谁？

A 蒙恬   B 戚继光   C 完颜襄

正确答案是：B 戚继光

戚继光简直就是军事史上的一个天才加全才，在南方抗倭用义乌兵做将兵，他为了克制天下三大名刀之一的日本刀，创造了狼筅，他还创建了 11 个人的鸳鸯阵、6 个人的两仪阵、3 个人的三才阵。以 3 人为一个战斗小组在城市里作战，可以说这是人类历史上最早出现的巷战思维。

戚继光在南方抗倭之后到北方驻守蓟镇，修筑了从山海关一直到北京昌平的明长城。戚继光还是作家，他写了 300 多首诗，在明代诗史上非常有名，他的诗写得非常漂亮，"一年三百六十日，都是横戈马上行""封侯非我愿，但愿海波平"，非常的震撼。

在明史上戚继光还有两本书很关键，是两本军事理论书，抗倭的时候写的《纪效新书》和在蓟镇守长城的时候写的《练兵实纪》。他的军事理论有多先进，比如说我们现在的操场，操场这个词是怎么来的呢？是因为戚继光在训练士兵的时候设计了场操，是指在固定场地进行练兵。操练的这个场地后来就叫操场。又比如说部队军营，营原本只是一个驻军的地方，他创建了步营制、骑营制，还有火器营等编制，北京现在还有火器营这个地名。后来曾国藩编练湘军，你想曾国藩是一个文人，哪会打仗呀，但他操练湘军就是用的戚继光的办法，还有小战练兵、国民党的黄埔练兵都受到戚继光的影响。

戚继光还是一名军事科学家。在《练兵实纪》中，戚继光对空心敌台有详细的记载，他修空心敌台的最初想法是什么呢？他把佛朗机炮改成虎蹲炮，那时候火器处于较早发展阶段，士兵在长城上驻守，为了保证火器不受潮，所以修空心敌台。脑子里有想法怎么落实呢？戚继光就画图纸，他绘制的图纸现在还保留着，图纸绘制得那叫一个精细，而且还是三维立体的，所以戚继光简直就是一个设计天才。

戚继光还爱民如子、爱兵如子，老百姓都愿意帮他修长城。我们知道以前修长城是徭役，但是戚继光为修长城的老百姓提供工时费，所以戚继光非常受百姓的爱戴。有了这段长城，再加上空心敌台的作用，戚继光在当时名震一时，后来张居正将"总理纪政之事"全交给戚继光。

戚继光是一个天才，但他的晚年却非常悲凉，因为张居正被清算牵连到他，黄仁宇先生的《万历十五年》写到戚继光的离世也是让人感慨万千。

(郦波)

京师古北口，将军率领士兵夜以继日修缮长城，夜幕降临时，飞禽猛兽便会出巢觅食。于是，当地百姓点亮宫灯驱散飞禽猛兽，保护士兵安全。现在，提灯上长城祭拜祈福，成了夜游长城的保留节目。请问，当地百姓提灯祈福，是为了纪念哪位将军？

A 戚继光　　　B 徐达　　　C 王守仁

正确答案是：A 戚继光

古北口长城　　　　　　　　　　　　　摄影／董旭明

　　徐达修长城主要是修关口，从北京到山海关修了 32 座关口，顺着关口往两边山坡上修了一段长城，它不是连绵不断的。我们说戚继光除了练兵，第二件事就是修长城，包砖的长城基本上是他这个时期修建的，他把长城修建得更雄伟，防线更坚固。

　　现在古北口长城已经是一个旅游胜地了，上面是长城，下面是犹如江南水乡的一个水镇，晚上提灯夜游长城，看山下万家灯火，看繁星点点，夜空璀璨。这么美的长城夜景，有机会大家要去古北口看看。**（董耀会）**

请根据以下线索,说出这段长城的名字:

线索:1. 是明朝时期修建的; 2. 城墙上有许多带文字的城砖;
　　　3. 障墙、挡马墙、文字砖。

正确答案是:金山岭长城

　　金山岭长城位于河北省的承德,原来没有金山这个概念,但为什么叫金山岭呢?传说,戚继光从抗倭前线调到长城驻守的时候,他的职务是总理蓟辽保定练兵事务,意思是他没有兵,只负责辽东镇、蓟镇和保定镇的练兵,因为长城再坚固,兵不能打仗肯定也不行,所以派他是来整顿军务、练兵的。他过来之后发现了一个问题,兵都归三个镇的总兵管,他没法练兵,朝廷也发现了这个问题,让他总理蓟辽保定练兵事务兼蓟镇总兵,那么他就有一镇的兵可练了,把蓟镇的兵练好了再练其他的,就能推广了。可是即便他兼任

金山岭长城　　　　　　　　　　　　　　　　摄影 / 董旭明

蓟镇总兵,蓟镇的兵也非常难练,因为大家松散惯了,仅靠他一个将军推不动,然后他又给朝廷上折子要调他抗倭时候的戚家军来当教导团,结果就调了3000戚家军来,就是浙江金华义乌的兵。调来的那天正好下大雨,戚继光在他的衙署里并没有出来,外面3000士兵淋着雨纹丝不动地等了好几个小时,这也让长城沿线的兵将们看到了什么叫作纪律严明。

南方来的兵修建长城,干了一段时间以后,他们就想家了,工程的速度也就变慢了,戚继光在一次巡视后,就了解到了原因,然后戚继光就把大家干活的这座山的名字给改成了金山,因为义乌最著名的山叫金山,就是让这些来自义乌的将士们干活的时候就跟在家乡一样,让他们思乡的感情有地方表达。这段长城原来没有名字,建成景区以后大家就给起了名叫金山岭。

(董耀会)

康熙用自己的方式构建了一道独特的"长城"

康熙在评价长城时说:"守国之道,惟在修德安民。民心悦则邦本得,而边境自固,所谓'众志成城'者是也。"因此康熙下令在京城周边修建了一组建筑,用来加强与各地区、各民族的联系。请问,康熙下令修建成的这组建筑是什么?

A 圆明园　　B 承德避暑山庄　　C 直隶总督署

正确答案是：B 承德避暑山庄

为什么建避暑山庄？当时清朝的皇帝希望做的事情不是修长城，而是众志成城。众志，"志"是什么？"志"是人心，他希望用收服人心的方式来保持边疆的安宁。怎么收服人心呢？其实建避暑山庄就是一项重要的举措。避暑山庄在承德，承德处于什么位置呢？从现在来讲是京、津、冀、辽、蒙交界之处，它其实是中原和边塞的交界之处、草原和农耕的交界之处。在这个地方建一个行宫，建一个第二政治中心，可以有效地连接北部边疆，后来有很多大事也是在避暑山庄办的。比如说1771年渥巴锡带领土尔扈特部万里归来，乾隆皇帝就是在避暑山庄接见的他；1780年乾隆皇帝70大寿，班禅六世带着很多王公贵族来给他祝寿，也是在避暑山庄被接见的，而且就是那次拜寿之后，清朝给班禅六世修了须弥福寿之寺，我们现在叫它班禅行宫，就是外八庙之一。我们经常听到一个说法"明修长城清修庙"，其实就是以众志成城的方式来守护安全，能攻心，则反策自消，非常有效地促进了民族融合、民族团结。习近平总书记在2021年8月考察承德避暑山庄的时候指出："承德避暑山庄底蕴深厚，在民族交往交流交融、宗教与社会相适应、传统文化保护和传承、人与自然和谐相处等方面具有重要历史价值和时代意义。要保护好、传承好、利用好中华优秀传统文化，挖掘其丰富内涵，以利于更好坚定文化自信、凝聚民族精神。"我觉得习近平总书记的讲话不仅是说避暑山庄的，也是说长城的。**（蒙曼）**

中国1584条成语典故出自这个地方

河北省坐拥万里长城中诸多最具观赏性以及故事性的地标——天下第一的山海关、抗战风云之地喜峰口、万里独秀的金山岭以及商旅熙攘的大境门。长城对于河北人来说早已是重要的精神文化符号,长城汽车、长城葡萄酒、张家口的冬奥赛场可以看到长城的雄姿,就连河北电视台的台标都是长城图案,可见长城在河北人心中的地位。从战国时代起多个朝代在这里修筑过长城,特别是战国七雄之一的赵国就定都在河北邯郸。说起邯郸,作为地名3000年来沿用不改,其历史文化底蕴可见一斑。邯郸也被誉为"成语典故之都",共有1584条成语典故出自这里,比如我们耳熟能详的胡服骑射、价值连城、邯郸学步等。请问,以下哪个成语典故不是出自邯郸?

A 负荆请罪　　**B** 一言九鼎　　**C** 问鼎中原

正确答案是:C 问鼎中原

　　一言九鼎和问鼎中原的故事都发生在春秋战国时期。先说一言九鼎,九鼎是什么?相传,大禹治水成功后铸了九鼎,成为传国重器,是国家的象征。夏亡之后传到商朝,商亡之后传到周朝,是传国的宝器。一言九鼎是什么时候开始用的呢?其实是毛遂自荐的故事。当年秦国去打赵国,赵国这个时候在军事上已经很危险了,赵国平原君就挑选门客向楚国去求援,挑选了19个人,还剩1个指标给谁呢?这时候就有了毛遂自荐的故事,经过一番挑选毛遂终于跟着平原君到楚国了。平原君给楚王讲为什么需要楚国支援,门客

们也说楚国为什么要支援赵国,但是楚王就是不松口。这时候毛遂把其他人扒拉到一边,跟楚王讲,说楚国现在国都都丢了,真正需要联合抗秦的不是赵国,反倒是楚国。楚王一听觉得很有道理,于是就派兵去支援赵国。这个事情让平原君很感慨,平原君说:"毛先生一至楚,而使赵重于九鼎大吕。毛先生以三寸之舌,强于百万之师。胜不敢复相士。"刚才说了九鼎是传国重器,那么大吕是什么?大吕是乐器,是周朝宗庙的乐器,所以这是一言九鼎的故事。因为人物是平原君、毛遂,所以毫无疑问这是赵国的事情。

那问鼎中原怎么回事呢?问鼎中原就早一点儿了,那是春秋时期,楚国本来是蛮夷之国,不在周天子重视的序列之中,但楚国发展得很快,发展得很好,于是楚庄王就到洛阳去见周天子,问了一个很唐突的问题:鼎有多重?鼎有多重是你一个诸侯国应该问的吗?那是周王朝的象征。所以周朝的大臣王孙满就给他吃了一个软钉子,王孙满说这种事儿不是他应该问的,而且统治的建立在德不在鼎。楚庄王没有文化,很迷信武力,自认为楚国地大物博,要想造一个鼎也是可以造得出来的。王孙满认为:当时夏怎么得到的鼎?是因为大家拥戴夏禹,然后大家贡献铜才造成鼎,那个时候他就真有了天下。但是后来夏桀无道,商朝不是照样把它取代了吗?商纣无道,周朝不是又照样把商朝取代了吗?所以不管你有多大的财力造多少鼎都没有意义,仍然是在德不在鼎。这就是问鼎中原的故事,也是我们中华民族的一个精神传统——我们从来不迷信暴力,我们相信仁德,而且我们还相信智慧。问鼎中原发生在楚国和周王朝之间,跟赵国没有关系,所以选项应该是它。(蒙曼)

烽火戏诸侯：褒姒"背锅"

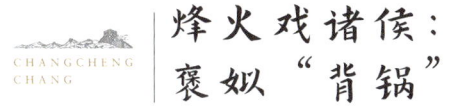

请根据以下线索，说出一个历史传说：

线索：1. 它与古代军事信息传递有关； 2. 事件时间发生在西周； 3. 为博美人一笑。

正确答案是：烽火戏诸侯

　　烽火戏诸侯到底历史上有没有真实发生过呢？《史记》里讲了这个故事的来龙去脉，褒姒是一个冷美人，不爱笑，嫁给周幽王之后，周幽王很喜欢她，但是她总不笑，周幽王思来想去出了一个馊主意，就是大家都知道的烽火戏诸侯。当然后来犬戎真正打来的时候，诸侯国已经不愿意出兵帮忙了，西周于是灭亡。褒姒虽然未必发挥决定性的作用，但是她确实经历了一个重要的时代，《史记》是一部很严肃的史书，对这个故事进行了描述，但是我们也要批评着看、参考着看，在《史记》之前更早的《吕氏春秋》记载就不同，说是为博美人一笑击鼓戏诸侯，也就是说它不是用烽火的形式。在《诗经·小雅》里，就没有"戏"了，是"赫赫宗周，褒姒灭之"，指褒姒要承担责任，但是应该承担什么责任，没有说得很清楚。那我们回过头看，无论是打鼓还是烽火，这个是不是切实可行呢？其实在那个时代，可行的程度不太高，因为烽火关系到一个严密的烽燧系统,当时的西周在一个不完备的统治方式下，西周的国都跟诸侯之间能不能建立起这样的烽燧系统？我们是存疑的。因为第一次烽火的记录是在墨子时期，西周时期有没有这样一个完备的系统，也不好说。那么打鼓的声音是不是能够传导到每一个诸侯国，似乎也不好说。

所以这两件事显得特别富有戏剧性，如果真实操作起来难度很大，所以我们是存疑的。一直到 2021 年，清华大学整理获赠的战国竹简（"清华简"）时，发现竹简上的记述与"烽火戏诸侯"相左，并没有"烽火戏诸侯"的故事。其实是一个传位之争，周幽王喜欢褒姒之后就把原来的申后给废了，立褒姒为后，褒姒的儿子也就成了太子，申太子没了位置。大家都知道那时候的婚姻是政治婚姻，申国嫁了女儿给周，那是有想法的，现在把申国的太子废了，那申后的娘家就要来报仇了，引犬戎打入国都，西周灭亡，褒姒不知所踪，这是一个更加真实的宫廷内斗的故事。至于烽火戏诸侯，就像司马迁写过的好多特别动人的故事一样，语文老师喜欢，但是历史老师存疑。

（蒙曼）

长城边的这次战役
我们都该铭记

大型文化综艺节目《长城长》开场文艺秀《抗战烽火》剧照

1939 年 11 月，在古老的长城脚下发生了一场伏击战，侵华日军中将阿部规秀被八路军击毙。请问，这场伏击战发生在哪里？

A 黄土岭　　　**B** 娘子关　　　**C** 平型关

正确答案是：A 黄土岭

其实题干里有一个关键的信息，就是阿部规秀，当时日本《朝日新闻》上有一条新闻，说名将之花阿部规秀"凋谢"在太行山上，战争以来日军遭到"未有之败"。这一仗的灵魂人物是杨成武，杨成武号称"军中赵子龙"，他打的是聪明仗。阿部规秀是一名中将，日军说他是"名将之花、山地战专家"，而且是日军第二混成旅团的旅团长。他还有一个身份很多人不太知道，他原来是蒙疆驻屯军总司令，他在内蒙古这一片土地上留下了累累的罪恶。那么他在黄土岭战斗中怎么被击毙的呢？这场仗打得非常有意思，平型关大捷之后日军非常恼火，对晋察冀边区进行围剿，当时的主战场在涞源县南部山区，这里有明代真保镇防区管辖的长城。杨成武得到消息，阿部规秀亲自率军到了涞源，杨成武很聪明，立刻给上级发电报请示，说想打阿部规秀，上级领导非常支持。那怎么打呢？杨成武先集中了三个团，趁日军一个大队离开主力的时候，在雁宿崖这个地方进行伏击，这可是打痛了日军。雁宿崖是大雁晚上休息的地方，地势比较险峻。八路军打痛了日军一个大队之后就撤了。阿部规秀很恼火，他是山地战专家，非常擅长打山地战，看了雁宿崖地势之后，觉得八路军会再来，就在雁宿崖设了一个伏击圈，想伏击杨成武主力。杨成武非常聪明，他料到了阿部规秀要把战场二次选择在雁宿崖，就在去雁宿崖的路上找了一个非常关键的地方，就是黄土岭。黄土岭两边是山岭，中间一条峡谷宽 100 米，但纵深长达 3 千米，所以杨成武把主力埋伏在黄土岭。阿部规秀准备到雁宿崖去伏击八路军，结果就钻进了黄土岭的布袋阵里。阿部规秀冲击了 27 次,冲不出黄土岭伏击圈。阿部规秀躲到峡谷里的一户姓孙的人家,因为他家有村庄里最大的一个院子,然后阿部规秀就把指挥所设在这儿,架起电台准备呼唤日军主力来解围。这个时候杨成武手下的一个团长叫陈正湘,他从望远镜里看到远处的小院落里有日军背着挎包架电台,估计这就是日军指挥官所在,他就调了两门迫击炮,从山头上瞄准这个小院落,不管是谁先轰它一下再说,两发炮弹精准地打中这个院子,阿部规秀就在这个院子里,一炮就给轰送了命。黄土岭战役我们取得大捷,但是八路军战士也付出了巨大的牺牲,当时在野战医院里救助八路军战士的一位大夫叫白求恩,是伟大的共产主义战士。(郦波)

电影《长津湖》中,志愿军坐着火车经过的长城是哪段长城?

 山海关明长城　　 古北口秦长城　　 八达岭汉长城

正确答案是:A 山海关明长城

　　上海解放后,第九兵团在上海地区集结,主要负责上海地区的警备工作,司令员为宋时轮。为了确保抗美援朝出国作战第二次战役顺利按计划实施,中央紧急调战略预备队第九兵团入朝,雄赳赳气昂昂地跨过鸭绿江,这是真实的历史。但是电影导演为了烘托战争紧迫感和中华民族同仇敌忾的氛围,他选择让镜头从长城来通过。(王纪言)

北京市怀柔区明长城旺泉峪段　　　　摄影 / 董旭明

我看《长津湖》时特别激动,因为我从小在三野的部队大院里长大,"排炮不动必是十纵",那是三野的虎将宋时轮在敌人拼死猛攻下沉着应战、坚守阵地岿然不动十昼夜而得来的,这个电影让我感慨万千。目前《长津湖》已经是中国票房史上的第一名了,这就是民心所向。习近平总书记在中国文联第十一次全国代表大会上强调,文艺要对人民创造历史的伟大进程给予最热情的赞颂,对一切为中华民族伟大复兴奋斗的拼搏者、一切为人民牺牲奉献的英雄们给予最深情的褒扬。志愿军战士是中华民族永远的、最可爱的人。

(郦波)

《大刀进行曲》创作于 1937 年，歌曲的创作灵感来自于 1933 年国民革命军第二十九军大刀队在长城之上与日军的一次交战。大刀队以白刃相搏，殊死抵抗日军的侵略，表现出了忠诚坚忍的民族精神。请问，这一次交战发生在以下哪一处？

A 喜峰口　　　B 黄崖关　　　C 古北口

正确答案是：A 喜峰口

　　我从小在军营长大，一听《大刀进行曲》就热血沸腾。我们从十四年抗战唱到抗美援朝出国作战。这里有两个巧合比较有意思。抗美援朝出国作战时的宋时轮、十四年抗战时的宋哲元，这是两位姓宋的名将，而且他们带的这两支部队都擅长夜袭。我们看电影《长津湖》中，到了晚上就是志愿军的天下了，在喜峰口战役中大刀队也是。由于当时部队的武器装备非常差，所以副军长佟麟阁就到了北平，专门拜访了武术大师李尧臣。李尧臣原来是镖师，也是武术大师，尤善刀法。佟麟阁聘请李尧臣做军中的武术总教练，保家卫国匹夫有责，李尧臣当时就答应了。李尧臣为提升军队作战力，特意改了六合刀法，创造了一套简便易学又特别适合战斗中使用的无极刀法，然后在北平打造了一款定制的刀，并且招募了 500 壮士。在当时的部队里，像张治中将军等将领们都专配了这种大刀，并且学习了刀法。

　　在 1933 年 3 月的喜峰口战役中，日军两个旅团的先遣队抢先到达并占据关隘，而且这两个旅团是关东军的精锐，战斗力非常强。白天作战非常困难，我们就发挥夜战的优势，经过多次鏖战，大刀队的 500 壮士几乎牺牲殆尽，但是换来的是日军将近 4000 人被大刀队砍了头，这个伤亡比是非常令人震惊的。我们知道当时日军的战斗力，尤其日军最骄傲的就是日本刀，他们自诩刀法"天下第一"。另外一个令日军"骄傲"的是拼刺刀技术。十四年抗战中日军平均身高是多少？一米四八。当时关东军和俄国人拼刺刀，俄国人拼不过他们，所以日军对于拼刺刀是非常"骄傲"的。结果在喜峰口战役中，战士们每人身背一把闪闪发亮的大刀，在近距离的拼杀中充分发挥了大刀的威力，近千名敌人从睡梦中惊醒，撞在勇士们的刀口上。日军最后产生了心理恐惧症，晚上睡觉不敢摘头盔，怕不知道什么时候脑袋就没了。对于喜峰口之战，日本《朝日新闻》曾经评论说，这是日军明治以来60年未有之侮辱。所以我们当时的抗日将士手上有大刀，心中有长城，他们就是我们的万里长城。

还有一个小知识就是《大刀进行曲》的作曲麦新，最后牺牲在内蒙古的通辽市。麦新当时是一个年轻的音乐人，他很喜欢聂耳的歌曲，所以他在1937年时想要创作一首曲子。他第一个想到的就是喜峰口战役，想到了大刀队，所以创作了《大刀进行曲》。**（郦波）**

"万里长城万里长,长城外面是故乡"
抗战歌曲也可以很有爱

著名抗战歌曲《长城谣》创作的时代背景是什么?

A 九一八事变　　**B** 七七事变　　**C** 长城抗战

正确答案是:A 九一八事变

  抗战时期有好多抗战题材的电影,因为电影中间会有插曲,所以随之诞生了好多脍炙人口的歌曲,比如电影《桃李劫》的插曲《毕业歌》、电影《风云儿女》中的歌曲《义勇军进行曲》、电影《马路天使》中的歌曲《四季歌》,还有就是电影《关山万里》的插曲《长城谣》。为什么说《长城谣》的背景是九一八事变而不是七七事变,因为歌中唱得非常清楚:"万里长城万里长,长城外面是故乡。"电影中讲有这样的一家三口,他们在九一八事变之后逃进关内,爸爸教小闺女唱小曲,唱的就是长城谣初始的样子,后来家人分离,小女孩被一个音乐家收养,音乐家根据小女孩唱的小调谱成了《长城谣》。电影《关山万里》创作的时间是在 1937 年的春天,而七七事变是在 7 月,电影创作是需要一个过程的,到七七事变的时候虽然电影还没有放映,但电影中歌曲的主基调包括词、曲都已经成形了。七七事变爆发后,整个抗战的大环境变了,在这种情况下百代公司给歌唱家周小燕老师录制了唱片,周小燕老师去法国,这个歌曲随着周小燕老师到了欧洲,后来又传到了南洋,这首歌激起了全世界对中国抗战的支持,当然更极大地鼓舞了中国人的抗战信心。

  大家会发现,我们讲战争歌曲时常常会想到《诗经·秦风》中"岂曰无衣,与子同袍",一定得是慷慨激昂的,但实际上真正能让人们在面对侵略的时候鼓起勇气的是什么?不是恨,是爱,是对家乡的热爱。还有《敕勒歌》为什么能够鼓舞人心?"敕勒川,阴山下",因为家在那儿,怎么能不回家呢?所以是回家鼓舞着所有人的信心。还有《黄河大合唱》里的河边对唱"张老三,我问你,你的家乡在哪里?我的家,在山西……"对家乡的热爱鼓舞着人们用血肉筑起新的长城。**(蒙曼)**

网上有段很接地气的话,可以解读一下什么叫作中华民族精神:天破了,自己炼石来补;疾病流行不求神迹,自己试药自己治;被东海淹了就把东海填平;被太阳暴晒就把太阳射下来。每每到了民族危亡之际,就一定会有仁人志士来把民众唤醒。所以,振作起来的这种民族精神就是《长城谣》中的中华民族精神,用我们的血肉筑起我们新的万里长城,不仅是在民族危亡的时代,即使到了今天,我们依然需要这样的民族精神。**(郦波)**

金山岭长城　　　　　　　　　　摄影/董旭明

长城脚下看冬奥
冬奥赛场看长城

 冬奥会项目源远流长，
原来中国古人早就玩过了

2022年北京冬奥会的国家越野滑雪中心位于张家口崇礼区太子城区域东南侧的山谷，其越野滑雪道与一段长城墙体距离仅数十米。请问，这段长城是哪个朝代的长城？

A 燕　　　B 汉　　　C 明

正确答案是：C 明

　　这段长城是明长城，说到冬奥会，其实我们中国古代早就有相当于冬季运动会的历史。史料里有记载，比如说清代乾隆年间有《冰嬉图》，就是大型的冰上运动的绘画。但其实还有更早的记载，晚清的《老档秘录》里记载，

《冰嬉图》局部

大概在 1625 年，当时在浑河上举行了盛大的冰上运动会，冠军奖二十两白银加一两金子，亚军是十两白银，即使你得不到名次，还有参与奖，能得二三两白银。其中有一项运动叫作跑冰，那么跑冰是什么运动呢？就是今天的速滑，而且是努尔哈赤亲自主持、颁奖。还有好多运动，比如冰上武术、冰上射箭这些运动，我们只要探究历史就会发现它源远流长，这就是中华文明。
（郦波）

2022 年北京冬奥会享誉世界，而一幅中国滑雪的岩画同样享誉世界。那么，这幅岩画有多奇妙呢？2006 年 18 个国家的 31 位滑雪历史专家齐聚中

国新疆阿勒泰地区布尔津县的禾木村,发表了《阿勒泰宣言》,确认中国的阿勒泰是世界滑雪起源地。2005 年,一位阿勒泰牧人在一个山洞里看到了一幅古老的岩画,这幅岩画上 7 个人站成一排,他们脚蹬一个长条的物件在追赶野兽,世界滑雪历史学家认为他们是在滑雪,那是一万多年前旧石器时代的一幅岩画。(王纪言)

一个多世纪后,詹天佑在长城上的临终遗言实现了

请根据以下线索,说出一条与长城关系密切的铁路名称:

> 线索:1. 它经八达岭、居庸关等地,全长约 200 公里;
> 2. 它是第一条中国人自主设计修建的铁路;
> 3. 它是由我国著名铁路工程专家詹天佑主持修建的。

正确答案是:京张铁路

京张铁路是 1909 年建成,京张高铁是 2019 年建成,跨越了 110 年。詹天佑先生在 1919 年去世。在詹天佑先生去世前,曾经抱病让人扶着他上了八达岭长城,说了一段临终遗言,特别让人感慨,他说:"生命有长短,命运有沉升,初建路网的梦想破灭,令我抱恨终身,所幸我的生命能化成倗

詹天佑像

葡在华夏大地上的一根铁轨,也算是我坎坷人生中的莫大幸事了。"这句他在长城上说的遗言尤其让人感慨。

今天京张高铁是从詹天佑当年设计的"人"字线的顶点下方穿过,"人"字变成了"大"字。京张高铁作为北京冬奥会重要的配套设施,在冬奥会上大显身手。(郦波)

吉祥物"如意"的逆袭之路

国家跳台滑雪中心

长城脚下看冬奥、冬奥赛场看长城，2022年北京冬奥会上，运动员在国家跳台滑雪中心"雪如意"起跳时能够看到长城遗址。请问，运动员看到的是哪段长城？

A 崇礼长城　　　**B** 延庆长城　　　**C** 八达岭长城

正确答案是：A 崇礼长城

"雪如意"肯定是从如意那儿来的，如意在中国文化里寓意顺心如意。它怎么来的呢？如意最早指我们日常生活中的痒痒挠或者老头乐，因为能够自己抓痒而不求人，所以就很如意了。如意在战国时期就有了，后来到魏晋南北朝的时候好多人把如意拿在手里做各种事情。比方石崇和王恺斗富时，石崇拿铁如意把王恺的珊瑚给击碎了，还有人拿竹如意去指挥打仗等。到明清的时候，如意成了吉祥物，而且样子也不太一样了，如意的头变成了灵芝的样子，而且材质也越来越华贵了，有金如意、玉如意等。那时候大臣给皇帝拜寿，就可以给皇帝进献如意，皇帝赏赐大臣也同样可以送如意。《红楼梦》中贾元春回家省亲送给贾母的礼物就是金如意一柄、玉如意一柄，这是中国人很好的一个祝福，有祝福生活如意的寓意。

冬奥会中我们把"如意"的造型用于雪道的设计上，那如意的柄首部分就是顶峰俱乐部——运动员出发的地方，然后赛道就相当于如意的柄，跟观众衔接的这个地方就是如意的尾部。这次冬奥会还做了一个特别的设计，把原来设计的跳台方向往北旋转了 20 度，让运动员可以在起跳之前的那一刻看一下我们崇礼的万里长城。我觉得那也是一种力量的加持，看一眼长城然后飞身而下，最后无论成绩如何，有了这样一段经历，我觉得每个人都如意了。**（蒙曼）**

我们中国人的如意观，不仅让人如意，还让雪如意，还让山川大地如意，还让人与自然全都如意，这是生态中国的观念。随着冬奥会的举办，"绿色奥运、科技奥运、人文奥运"的观念更加深入人心。尤其是"绿色奥运"的理念，在冬奥会中我们实现了 100% 的清洁能源使用。比如这个地方的风很大，我们不能决定风的方向，但我们可以留下风的能量；比如蒙曼老师讲到如意柄就是滑道，它凌空架过山谷，是对生态的保护；再比如包括地表水，它的水系，包括雪为什么可以这么纯洁，"问渠那得清如许，为有源头活水来"。因为秉持"绿色奥运"的理念，我们才可以把冬奥会办得如此精彩。**（郦波）**

冬奥会正好赶上中国的春节，所以很多过年的元素，如包饺子、民俗剪纸、书法等在奥运村，甚至是比赛现场都有所体现。滑雪场的两边用长城垛口的形状做出来的护坡，包括坡面障碍挑战赛的赛道，实际上用的就是"天下第

一关"那个楼顶的坡面,很多选手在上面"飞檐走壁"。在崇礼赛场奥运村的边上有一个遗址公园,这个地方原来是太子城村。有人会问:"没城,为什么叫太子城呢?"为了配合基建,根据考古先行的原则,考古队依惯例开始对太子城村进行考古勘测。结果发现了地下有一座城,它是 800 多年前金朝时候的一座行宫——金章宗的行宫,非常大的一个城,宫殿的遗址保存得很好。这样的话就调整了奥运村的位置,把奥运村移出去了将近 100 米,把奥运的颁奖场馆也向另外一个方向移远了。把这块地腾出来干什么?建遗址公园,还建了一个博物馆。考古挖掘出的大量文物,都放进了博物馆。博物馆里还有一处非常特殊的地方,是什么呢?西院落展厅外墙使用了遗址中发现的宫墙颜色——红色。这种红色不是我们想象中的像故宫那样的紫红色,它是"中国红",红墙上部设计了六棱的雪花形的花纹,营造出"雪落宫墙"的东方情韵。**(董耀会)**

内有乾坤!
长城墩台的作用才不止瞭望那么简单!

冰墩墩是 2022 年北京冬奥运会的吉祥物,其实在长城中也有"墩"。"天下第一墩"是明代万里长城最西端的一座墩台,它位于长城哪座关城的南侧?

A 嘉峪关　　　**B** 雁门关　　　**C** 玉门关

正确答案是:A 嘉峪关

天下第一墩是嘉峪关西长城最南端的一座墩台,墩台矗立于讨赖河边近56米高的悬崖之上。讨赖河水深流急,悬崖非常陡峭,人根本就爬不上去。嘉峪关之所以叫嘉峪关,是先有的嘉峪山,在关城的北边。之后,在讨赖河与嘉峪山之间建了这么一个城,叫嘉峪关城。

墩是长城非常重要的一个构成,完整地说叫墩台。明代长城在京津冀一带看到的叫空心敌台,其实它最早的时候是实心的,到了明朝中期各种火器大量使用的时候,就把它建成空心的,因为火药、火种不能淋雨。同时,建成了空心的,也方便人们在里面居住。

墩台分很多种,比如有兵墩、田墩,有腹里墩、有腹外墩。其实烽火台也是一种墩台,是烽火墩,不过不是所有的墩台都有传递烽火的功能。那么田墩是什么呢?它不与长城的墙体连着,是在军屯屯田的不同地方设一个墩台瞭望,它里面有一个小的障城,一旦有敌人已经突破到长城里边来了,种地的人随时都可以跑到墩台上告诉大家。腹外墩是在长城外边的墩台,可以从后背攻打登城的人,腹里墩是用来对攻上城墙的敌军,当其想下来的时候,再一次攻击,实际上它是纵深防御的工事。**(董耀会)**

山西省偏关县火路墩　　　　　　　　摄影/董旭明

长城在广袤的中国大地上蜿蜒盘旋，一块块的城砖上，凝固了孟姜女的哭声，凝固了将士们的喊杀声，凝固了走西口的脚步声，也凝固了丝绸之路的笑语声。两千多年来的南来北往、悲欢离合，让曾经的边墙变成了今天的纽带。长城像我们衣服上的拉链儿，拉链儿一拉，衣服的两片就联结在一起了，长城一"拉"上，中原和塞北就联结在一起了，农耕文明和游牧文明就抱在一起了，我们中华民族就紧紧地抱在一起了，这才是我们今天最重要的心中的长城。

——蒙曼

长城长

长城两边是故乡

叁

神奇的
400毫米等降水量线

明长城分布的位置与我国哪个地理分界线大致重合？

A 200毫米等降水量线　　**B** 400毫米等降水量线　　**C** 800毫米等降水量线

正确答案是：B 400毫米等降水量线

  王昌龄那首著名的《出塞》中"不教胡马度阴山"一语道出横亘于中国北部、东西走向的阴山山脉，正处于400毫米等降水量线。400毫米等降水量线不仅是一条重要的自然地理分界线，还是农业区和游牧区的重要分界线。我们研究历史特别感慨，长城见证了人类历史上漫长而又完美的民族大融合。秦汉是修筑长城的一个重要时间节点，在这个时期之前我们东亚大陆上主要的矛盾是东西向，比如秦扫六合、秦并天下是东出，包括殷商时期，它主要面临的也是东西向的矛盾。到秦汉时期变成汉匈决战，一直到此后的两千年里，中国封建历史充满了南北方向的战略冲突与融合，在这个过程中的民族大融合，长城是重要的节点和见证。

  前两年我在联合国总部做主旨演讲，讲人类命运共同体的主旨，大家看这些年世界局势动荡，很多是由族群撕裂的问题引发的。通观人类文明史，在族群间融合得最完美的可以说就是长城两边，所以这条 400 毫米等降水量线和这条伟大的长城，见证了人类文明中民族大融合的奇迹。

中国气象学的奠基人竺可桢先生，在 1972 年写了中国近 5000 年的气候变迁，这几乎是这几十年来我看到的被引用过最多的一篇学术论文。他讲了中国气候变化经历了几个暖周期和冷周期，在不停的周期变化中，等降水量线也在变化。比如说魏晋时期属于寒冷周期，北方游牧民族就要南下；再比如前段时间云南的大象向北迁移。我上课的时候还跟学生们开玩笑说："大象去哪儿了？"肯定是去河南呀，河南简称豫，从这个字能看出来有个"象"，说明河南在原来的暖周期时是有大象的，这里曾是热带雨林，而且考古也发现这里曾经有大象栖息。历史规律告诉我们，进入冷周期的时候，就是海洋文明比较兴旺的时候，进入暖周期就是大陆文明昌盛的时候。而我们的中华文明在人类文明史上可谓是最为典型的大陆文明，没有之一。（郦波）

"走西口"背后的气象学解释

著名民歌《走西口》中的"西口"指的是长城沿线的哪座关口？

A 狼牙口　　B 张家口　　C 杀虎口

大型文化综艺节目《长城长》中《走西口》剧照

正确答案是：C 杀虎口

明清时期，中原的百姓要通过这些关口去塞外经商和贸易，现在大家一般认为"走西口"有两个口，东口是指河北的张家口，西口就是山西的杀虎口。**（王仁芳）**

咱们说的"走西口"狭义上是指杀虎口，但是广义上说就是大同以西的所有长城的关口，都可以叫西口。中国人的移民很有意思：走西口、闯关东、下南洋、填四川、蹚古道，用的词都不一样，这是为什么呢？我们知道最大规模的走西口是在清朝末年。根据竺可桢先生的研究，这时候正是一个小冰川季，尤其是山陕一带的农耕受到了巨大的冲击，所谓"树挪死、人挪活"，大家纷纷走出去谋求生路。400 毫米等降水量线是农耕文明与游牧文明的分界线，长城以南是典型的农耕文明，长城以北原来是典型的游牧文明，经过大量的移民走西口之后，形成了游牧和农耕并列并存的一种状态，这是典型的移民现象。**（郦波）**

"出了（　）关，两眼泪不干。上望灰色天，下看戈壁滩。"这首民谣描述的是明长城哪座关城的景象？

Ⓐ 玉门关　　**Ⓑ 嘉峪关**　　**Ⓒ 白草口关**

正确答案是：B 嘉峪关

这个答案其实挺明确的，题目中问"描述的是明长城哪座关城"？玉门关一看就不是，因为它不是明长城。白草口关在山西朔州的山阴县和忻州的代县之间，出了这个关也看不到戈壁滩，所以肯定就是嘉峪关。出嘉峪关对中原地区的人们来说就意味着出塞，因为明长城就修到了嘉峪关，从这里出去文化的场景变了，生活的场景也变了，这些对于古人而言是一个非常不容易的选择。其实这首民谣还有上半段"出了嘉峪关，两眼泪不干。向前看戈壁滩，向后看鬼门关"，然后是"出了嘉峪关，两眼泪不干。上望灰色天，下看戈壁滩"，这里反复咏叹的都是戈壁滩，出去就是另外一种生活方式，出去就是走西口了。我们一般说走西口很容易想到的就是出了杀虎口到了内蒙古地区，然而对于河西走廊的老百姓而言，向西向新疆方向去也是走西口，而且出了嘉峪关，就出了中原地区的范畴了。戈壁滩它不给人生机感，会让人觉得前路茫茫。但是为什么又说"向后看鬼门关"呢？回来不是挺好的吗？当年班超就是"愿生入玉门关"，那是生的希望，怎么向后看还是鬼门关呢？说实在的，如果有活路谁愿意走西口？没活路了才要走，所以往前看，前路茫茫，往回看也回不去了。对于当时很多民族交流的通道，我们现在也许很容易把它们想象成充满和谐、喜乐的交流场景，但是所有的历史喜剧事后看是喜剧，当时其实是悲剧，是由当时人们的血泪和汗水铸成的。

为什么说当年的悲剧是现代的喜剧呢？今天的河西走廊是甘肃最富裕的地区，资源丰富，出了嘉峪关有酒钢集团、玉门油田，特别是新中国成立以后，更是欣欣向荣。现在出了嘉峪关看到的也不是戈壁滩，昔日的丝绸古道早已被宽阔笔直的312国道、连霍高速公路所替代，还有兰新高铁，走出了一片坦途。现在我们回顾历史，在看到美好未来的同时，要知道我们是站在巨人的肩膀上、站在我们祖先的肩膀上，然后我们回头看，向他们致敬。**（蒙曼）**

为什么当时的山东人没有下江南而去闯关东，怕内卷呀！

电视剧《闯关东》讲述的是从清末到九一八事变爆发前，一户山东人家为生活所迫，背井离乡开拓耕耘的故事。请问，在那个时代，《闯关东》的"关"指的是哪座关城？

A 山海关　　**B** 居庸关　　**C** 宁武关

正确答案是：A 山海关

　　实际上最早闯关东的这批人是真正的拓荒者，那有人会问他们为什么不下江南呢？那样路途又近又不用翻山越岭，而东北冰天雪地、气候寒冷。其实不下江南有几个方面的原因：第一是山东属于北方旱作农耕，种麦子、种玉米，而南方是种水稻，种水稻的技术和经验他们没有掌握。第二是生活习惯，到了江南不会种水稻，吃米又不舒服，这是两个非常重要的原因。第三个原因是什么，就是我们看现在的公路从山东去辽宁好像非常远，实际上在过去封禁的时候闯关东是怎么走，是走海路，辽东半岛到山东半岛非常近，最近的距离不到100千米，用小船"偷渡"或者在冬天结冰的时候走过去。说到山东半岛跟辽东半岛，今天我们国家的两艘航母一个命名"辽宁号"、一个命名"山东号"，可见辽东半岛和山东半岛对我国国土安全有多么重要了。

　　闯关东还有最后一个原因，就是后来再有人去辽东就是投奔老乡去了。我们中国的文化，特别是在传统农耕社会，在一个人生地不熟的地方有熟人、有亲戚、有老乡，"老乡见老乡，两眼泪汪汪"，所以就出现了大批的山东人闯关东去东北。**(董耀会)**

山海关老龙头　　　　　　　　　　摄影/董旭明

　　董老师讲了为什么山东人没有去下江南而是闯关东，我还要补充一下，山东人当时不下江南是因为江南太卷了，内卷得厉害。当时江南是天下富庶之地，全国各地的商人，像徽商、洞庭商帮等都在那里汇聚，竞争相当激烈。

　　还有一个原因，就是关东大量的土地都荒着，地多人少而土地很肥沃，都是黑土地，是一个种了就知道多么丰产的地方，所以一旦前面有人种了，后面就有大批的人跟进来,这个循环就开始了。闯关东、走西口、下南洋,这是中国近代史上的三次大移民,我跟很多东北的朋友聊祖上是哪里的,百分之八九十祖上是山东的。我们古代的习惯叫作重土安迁,是不怎么流动的,可是我们今天讲统一大市场,要打通的不仅是物流环节,还有人口的流动环节,所以三次人口的大迁徙,对于今天中国人口地理分布以及中国社会构成有着至关重要的影响。

我还想到一个问题,曹操说"关东有义士,兴兵讨群凶",他们从哪儿出发的?中国历史上"关东"在诗词里经常出现,但山海关是明代洪武十四年才建,哪来的关东之说?那么此前的关东是指什么?是函谷关以东,战国时期面对秦国连横策略,关东六国成立合纵联盟应对,所以曹操说的"关东有义士,兴兵讨群凶"是指函谷关以东。(郦波)

一条以长城为坐标的"文明之路"
——丝绸之路

 长城护卫河西走廊

下列哪一条古代商道与长城关系密切？

A 茶马古道　　B 河西走廊　　C 陇西走廊

正确答案是：B 河西走廊

　　河西走廊位于甘肃黄河以西、祁连山以北和北山以南这么一个狭长的平原地带，因形如走廊而得名。东端起点在现在的乌鞘岭，西面一直到玉门关，长度超过了1000千米，最窄的地方只有几千米，宽的地方有上百千米，我

国古代与西方经济、文化的交流主要是通过这条古道进行，也是古代丝绸之路的必经之路。甘肃境内汉长城、明长城主要分布在这条交通大动脉上，总长度超过了2500千米，对这一条交通大动脉的畅通起到保障作用。（王仁芳）

河西走廊沃野千里，祁连山高矗连绵与它并行，假如没有祁连山，青藏高原的风雪就过来了；假如没有祁连山，关中到西域就很难连通。河西走廊和祁连山给我们一个启示，河西走廊使东西贯通，居延之路和唐蕃古道贯通了南北，东西南北都贯通，那就是我们中华民族的幸事，这是历史的结论。（王纪言）

央视纪录片《河西走廊》非常有名，我看了好多遍，其实我们在研究中国历史的时候会发现，三国之后经过西晋的短暂统一，然后经历了长达300年左右的混乱期，这个时期中华文明可以说是涅槃重生。怎么涅槃重生呢？关键两个方面：一个是南方的文学觉醒，就是中国人的音韵学、诗词、格律学都是这个时候诞生的；另一个方面，是北方的民族大融合，佛教在这个时候传入，儒释道大融合，所以说河西走廊的作用特别关键。

我曾去武威考察，武威曾出土举世闻名的"马踏飞燕"，现在是中国旅游标志。武威有一种牛肉特别好吃，辛弃疾《破阵子》"醉里挑灯看剑，梦回吹角连营。八百里分麾下炙，五十弦翻塞外声"。这里的"八百里"其实是一种非常珍贵的牛，辛弃疾用它犒赏三军。《世说新语》里记载王恺和石崇斗富，王恺有头牛叫八百里驳，价值千金，长得非常高大但不能繁育下一代，身上有斑纹，肉非常好吃。后来我在武威找到了这种牛，它是牦牛和黄牛杂交的一种牛，它不能繁衍第二代，但是肉质特别鲜美，这大概就是八百里驳的原型。所以说河西走廊是一片神奇的土地。（郦波）

甘肃的行政区划如同一柄如意横枕在华夏大地，多姿多彩的景观地貌与人文底蕴千百年来滋养出了独具特色的陇原文化。提到甘肃的长城关口，最为世人所熟知的就是嘉峪关，它被誉为"天下第一雄关"，是古丝绸之路的必经关口，见证着千年丝路的络绎不绝。如今古老的通路焕发着新的生机，2014年设计时速250千米的兰新高铁建成通车，它的建成大大提升了中国与中亚、欧洲之间的铁路运输能力，为构建丝绸之路经济带大通道奠定了坚实的基础。请问，兰新高铁跨越了以下的哪一座山脉？

A 贺兰山　　**B** 昆仑山　　**C** 祁连山

正确答案是：C 祁连山

但凡旅游走过河西走廊的朋友一定知道祁连山，尤其是兰新高铁。我经常走兰新高铁，所以特别感慨。它是一次性建成的最长的高铁，特别震撼。兰新高铁只是今天高铁发展中的一个代表，到2021年底我国的铁路总里程已经超过15万千米，而我们的高铁总里程超过4万千米，这占到全球高铁总里程的70%多，在世界范围早已是一骑绝尘。我曾经在德国慕尼黑讲学，有个德国工程师跟我们聊到中国高铁的发展，说慕尼黑当时要建一个高铁的支线，13年都没建成，我说13年的时间中国的高铁从无到有。他作为一位德国工程师对中国高铁非常之钦佩，我当时也是万分骄傲。但是回想一下我们高铁的建设历史和我们铁路的建设历史，真是让人感慨万千。中国最早的一辆火车机车是当时唐胥铁路总工程师的夫人仿照英国的蒸汽机车"火箭号"制造的，英国人取的名字叫中国火箭号，但是我们中国人当时都叫它"龙号"机车，因为中国工人在机车两侧各刻一条龙。到了1905年，我们中国人想自主建设一条铁路，当时列强都在嘲笑我们中国人建铁路没有工程师。这时候就有一位工程师挺身而出，他就是詹天佑，带领着中国人建造了第一条自主设计建设的京张铁路。新中国成立后，1950年开始建设成渝铁路，

1952年开始建设宝成铁路，1958年开始建设青藏铁路，一直到1984年青藏铁路建成。我们现在的高铁动车组最有名的是什么号？复兴号！它见证着我们中华民族的伟大复兴。(郦波)

兰新高铁有一站叫山丹马场站，马场站实际上就是河西走廊中部的山丹军马场，海拔2420~4933米，与汉长城是同时期建设的，这是中国历史上第一个官办的军马场，几千年来都是归属部队管理，前几年这个军马场才交给地方管理，因为现在战马已经不怎么使用了。即便是这样，山丹军马场的马种依然在给军队保留着，所以在这里除了能看到牦牛，还能看到那些放养在草地上、嘶鸣的军马。汉代的长城在山丹这个地方有一段很长、很清晰的明代长城和汉代长城并行的画面，两道长城就像两条巨龙。其中那段很高大的是明长城，它的墙体还存在；另外一段很低矮且呈土丘状的是汉长城。所以说在整个河西走廊，你稍微留意的话，看到的大部分长城都是明代的长城。(董耀会)

甘肃省武威市天祝藏族自治县乌鞘岭明汉双长城　　　　摄影／董旭明

名字对人生也有某种隐喻？本名"走不远"的张骞却打通了西域之路

张骞出使西域打通丝绸之路，对欧亚大陆发展来说是非常具有历史意义的事件。请问，历史学家司马迁称张骞的功绩是什么？

A 凿通西域　　**B** 凿空西域　　**C** 凿开西域

正确答案是：B 凿空西域

　　史学家司马迁称赞张骞出使西域为"凿空"，称赞他打通西域叫作凿空之旅，这个"空"在这里指最大的大道。"骞"这个字从训诂的角度上来讲，指的是马腹有病，走不远的意思。张骞，字子文，这个名字从字面上让人感觉很文弱，寓意着走不远，可能是父母舍不得他走远而取此名。可是这个文弱的人在 13 年间来来回回，经历了种种的磨难出使西域。汉武帝非常欣赏他，封他为博望侯。看上去走不远的这个人却走得最远，打开了两大文明之间的通道。（郦波）

　　张骞召集的随从有 100 多人，这里有一个重要的人，他的名字叫堂邑甘父。堂邑是他来自堂邑县，名字叫甘，父是对美好男子的尊称。他自告奋勇参加到随从的团队里来，后来这 100 多名随从大都在历史中随风而去了，只有甘父陪着张骞在 13 年后又回来了。在出使过程中他又当翻译又当向导，他也是凿空西域的英雄。汉武帝也非常欣赏甘父，不仅给了他自由身，还给了一定的官爵和待遇，封他为奉使君。（王纪言）

儒将班超 一生传奇

请根据以下线索,说出这位与长城有关的历史名人:

线索:1. 在悬壁长城景区立有他的塑像;
2. 他曾经先后多次出使西域;
3. 是成语"投笔从戎"的出处。

正确答案是:班超

我们经常讲文化史上最有名的一门三苏——苏洵、苏轼、苏辙,其实还有一个苏小妹。苏小妹民间传说是小妹,其实是苏轼、苏辙的姐姐,叫八娘。班家也是这样叫一门三班,指史学家班彪的三个儿女,老大班固,老二班超,妹妹班昭。班固是《汉书》的作者,是大史学家,和司马迁齐名。一门三班都是搞文的,唯有一个弃文从武,就是班超。班超不得了,除了"投笔从戎",还有"不入虎穴焉得虎子",而且几十年间他凭一己之力,在西域纵横联合50多个国家,一日有班超在,西域无忧。他年老的时候想叶落归根,所以他说了一句名言叫"臣不敢望酒泉郡,但愿生入玉门关",意思是回到酒泉我都不敢奢望,让我死在玉门关吧,这叫生还故土,特别感人,后来朝廷就让他回来了。

这让我想到近代的蔡锷将军,当年他去世的时候举国哀悼,孙中山先生亲自为蔡锷将军拟了挽联。上联:平生慷慨班都护。下联:万里间关马伏波。班都护就是因为班超曾任西域都护,镇守西域。孙中山以班超、马援这两位历史名将作比喻,高度赞颂了这位热忱爱国、叱咤风云的青年军事家。

　　我们中国历史上有一些传奇人物,本质是书生、是文人,可是放下笔杆子,拿起枪杆子,仍能取得丰功伟绩。这样的一批人叫作儒将,不光是班超,还有岳飞、戚继光。岳飞,大家都知道在军事上很厉害,留下了《武穆遗书》,而他写的词《小重山》广为传颂,这就是中国文化上的独特之处——文武全才频出。(郦波)

世博会原来是隋炀帝创办的

　　汉武帝时期通西域,置四郡,据两关。"四郡"即武威郡、张掖郡、酒泉郡、敦煌郡,"两关"就是玉门关、阳关。请问,"四郡"中拥有图中丹霞地貌的是哪一郡?

A 酒泉　　　B 张掖　　　C 敦煌

丹霞地貌　　甘肃省张掖市融媒体中心张骞、刘垒提供

正确答案是：B 张掖

张骞能够凿空西域，首先是因为汉武帝的雄才大略，他的视野非常广，格局非常大。《荆楚岁时记》中描述，汉武帝派张骞出使西域目的是寻找黄河源头，张骞走了很远，遇到了织女和牛郎，织女把织布机的支机石送给了他，张骞回来报告说黄河的源头在银河。其实汉武帝真实的意图是联合大月氏夹击匈奴，大月氏原来在河西走廊这一带生活，却被匈奴打得越走越远，当张骞好不容易找到大月氏的时候，大月氏已经到了中亚（相当于今天的阿富汗），他们已经没心思再回来跟匈奴打了。张骞走过这条路等于说是有了地图。但是有地图和能打通丝绸之路完全是两个概念，当时的河西走廊，大月氏被赶走了，匈奴左贤王的手下，休屠王和浑邪王十万匈奴主力占据了河西走廊一带。祁连山下十万匈奴主力占据在这，怎么可能有丝绸之路呢？汉武帝当时很无奈，但是19岁的霍去病知道这件事后提出了一个天才的构想。霍去病17岁时就跟着舅舅卫青参加了漠南之战，率800百骑兵突袭匈奴王庭的后面，把单于的叔叔、相国等2000多人抓了回来，汉武帝非常高兴，封他为冠军侯，非常认可他的实力，让他自立一军。他自己训练了一万精骑，一个人配两匹战马。

霍去病向汉武帝提出以运动战突袭河西，汉武帝非常支持他，霍去病就带着他的骑兵，经过两次河西之战，横扫河西走廊。在两次河西之战后，休屠王、浑邪王率部投降，汉朝彻底打通了河西走廊。对于汉武帝的构想，张骞的地图很重要，而真正打通河西走廊的是文明史上不世出的一代战神、像流星一样划过的霍去病。他六年六战，第一战漠南之战得冠军侯，"冠军"这个词就是从他这来的。两次河西之战，第四次是招降，第五战漠南之战，第六战漠北决战，一直把左贤王追到瀚海（瀚海就是贝加尔湖畔），经此一战，"匈奴远遁，而漠南无王庭"，然后封狼居胥，在狼居胥山（今蒙古国境内肯特山）、姑衍山，封禅天地。在中国军事史上，封狼居胥、勒石燕然称得上汉朝对外用武的两大胜利成果，首次就是霍去病创造的。**（郦波）**

随着汉武帝开发河西，汉朝设置河西四郡并逐步分段修筑长城，不同于北京八达岭的砖石长城，这一带的长城是夯土修筑。古人讲究因地制宜，因为河西走廊大部分是沙漠戈壁，土不容易黏结，古人夯土时把当地的红柳、芦苇、胡杨树枝掺入其中，起到拉筋加固的作用，这体现了我们古人的智慧，也是河西汉长城能够保留到现在的主要原因。（王仁芳）

河西四郡之一张掖郡有造型奇特、色彩斑斓、气势磅礴的丹霞地貌。丹霞地貌正好处在张掖这个文明交汇的地方，这是一个什么情况呢？东西是丝绸之路，南北是北边草原的居延之路和越过祁连山到河湟谷地的唐蕃古道，两条道路在张掖的丹霞地貌这个地方交汇。那么历史上谁走过它？公元609年，隋炀帝车辚辚马萧萧从河西走廊过来。他从河湟谷地走过祁连山，不是看丹霞地貌，是在这里召开了27国的博览会，相当于当时的世博会。在隋炀帝的年代，中华民族凿通的运河贯通了南北，万里长城沟通了东西，一横一纵、一刚一柔，成为中华民族伟大的遗产和伟大的文明基因。（王纪言）

广告的鼻祖竟然是姜子牙

"芝麻馓子叫凄凉，巷口鸣锣卖小糖。"叫卖是商业文化的一种最原始、最经济、最通俗的广告。请问，在以下哪段长城的附近地区更有可能听到"糖墩儿"的叫卖声？

A 黄泽关长城　　B 黄榆关长城　　C 黄崖关长城

正确答案是:C 黄崖关长城

"墩儿"是天津人的叫法。这道题出得特别好,黄泽关长城在山西的左权县,黄榆关长城是在山西省和顺县与河北省邢台市信都区的交界处,而著名的黄崖关长城是明代蓟镇长城的重要关隘。蓟镇,又名蓟州镇,明朝九边重镇之一,戚继光做蓟镇总兵的时候重修了这段黄崖关长城。杜甫有首诗叫《渔阳》,写的安史之乱,其中有一句"禄山北筑雄武城",安禄山当时驻兵就是在这个黄崖关。

叫卖其实是最早的广告行为,那么先秦的时候"买椟还珠""自相矛盾"这些成语都和叫卖文化有关。可是很多人不了解我国叫卖、广告行为的老祖宗是姜子牙,不是在渭水垂钓,而是在这之前的"文王拘而演周易"时期,周文王被拘禁在羑里的时候,姜子牙曾经扮作一个商贩,因为周文王不能出羑里,所以姜子牙在集市上用一种特殊的叫卖声吸引了周文王对他的注意,这是我国文献记载里最早的叫卖广告。(郦波)

古代也有"女汉子" 忠义不逊大丈夫

山西省长城资源调查人赵杰说:"雁门关位于山西省忻州市代县县城以北约20千米处的雁门山中,已有3000多年的历史。雁门关东走平型关、紫荆关、倒马关,直抵幽燕,连接渤海;西去轩岗口、宁武关、偏头关至黄河边。恒山沿代县北境蜿蜒,将雁门山、馒头山、草

山西省长城资源调查人赵杰

垛山连成一体，素有"天下之险卢龙、飞狐、雁门为之首"的说法。作为古老的军事要塞，雁门关历史悠久，地形险绝，体系完备，雄居华夏名关要隘之首。雁门关是大雁南飞北归的必经之路，因而得名，雁门关周围被崇山峻岭环绕，只有过雁峰两旁两道比较低矮的山峪可通过。在雄关矗立下，商贾云集、民族融合，山西大地一片繁荣盛景，至今保留下来了大量的古建筑。请问，历史上在这里发生过很多重大事件，下列哪一个历史事件与它无关？

A 昭君出塞　　**B** 杨家将镇守三关　　**C** 花木兰代父从军

正确答案是：C 花木兰代父从军

木兰代父从军的故事家喻户晓，木兰洗剑照影的地方就是岱海，因为北魏和柔然作战是在土默川平原这一带，就是现在的呼和浩特平原一带。老百姓最喜欢谈论的一个话题是什么？"同行十二年，不知木兰是女郎"，然后大家脑洞大开，作为一位女性和一帮小伙子在军营里，总会有很多生活上的不方便，那怎么解决呢？大家都替古人操心，而且始终觉得没有一个完美的答案。其实是因为大家站在了今天的时空逻辑上。木兰的那个时代是魏晋南北朝时期，那是中华文明史上一个大动荡、大混乱的时期，那个时候女性本弱，但是作为生命就必须刚强，而且她的刚强又不是非常过分，"阿爷无大儿，木兰无长兄"，假设"阿爷有大儿，木兰有长兄"，木兰就不一定去了。北朝民歌里还有一位女英雄，这首民歌的题目叫《李波小妹歌》，是北魏百姓创作的，"李波小妹字雍容，褰裙逐马如卷蓬，左射右射必叠双。妇女尚如此，男子安可逢"，在那个时代女子尚且如此勇武，那男子汉又怎能抵挡得住呢？

同时期的南朝女性有大家熟悉的祝英台，在东晋是实有其人，女扮男装游学，正是丞相谢安上书让朝廷表彰祝英台和梁山伯，这个故事才公诸于世。还有大家更熟悉的谢道韫，谢道韫在孙恩叛军攻进会稽城的时候，她夫君王凝之不抵抗了,她带着家人手刃数贼,被孙恩的部下抓住之后仍然大义凛然,孙恩都被折服。济尼评价谢道韫有林下之风,不逊于竹林七贤。处于那个时代环境下,女性生命的坚忍与刚强喷薄而出,典型的代表是花木兰,但不止于花木兰。(郦波)

杨家将的故事能传得这么久远,得益于通过戏剧、说书的形式讲述保家卫国的忠勇精神,不断激励着后人。杨家将是在雁门关守卫,有人会问,汉朝的时候高阙塞、鸡鹿塞都在内蒙古阴山,杨家将怎么在几百千米以外的雁门关守卫呢?其实在那个时期,雁门关是在农牧交错区域的最南边,实际上在石敬瑭割让燕云十六州之后,传统上农牧交错地带的长城区域已经不为宋朝控制了,宋朝只能在雁门关一线上死守,这可以说是一个极其被动的防御,所以才有了杨家将一代接一代地为保卫祖国恪尽职守的故事。

山西省代县鹿蹄涧村的杨家祠堂,是杨业的第十四代孙建的。相传,有一天杨氏兄弟外出狩猎遇到了一只鹿,他们射中鹿蹄,鹿带箭而逃,杨氏兄弟一直追到现在鹿蹄涧村的这个位置,鹿就在这里消失了,杨氏兄弟命人在鹿消失的地方深挖,结果挖出一块大石头,上面现出一只梅花鹿的形象。现在祠堂的院子正中还摆着这块石头,就是鹿蹄石,族人就选中挖出石头的这个地方建了杨家的祠堂。其实第一个给杨业建祠堂的地方不在长城里边,也不是宋朝控制的地域,而是在当时辽国控制的地域,也就是今天北京的古北口,古北口的令公祠是中国大地上最早的杨家祠堂。直到现在,每年杨令公生日的这一天都有庙会,我也去过几次庙会,非常红火热闹。所以说不管是农耕地区的宋国还是游牧为主的辽国,百姓对老令公的忠勇精神都是非常尊崇的。(董耀会)

《木兰诗》可没说木兰姓"花"

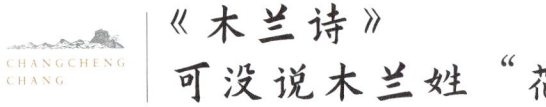

花木兰的传说流传广远,但对于她的姓氏、里居、出生年代,仍然众说纷纭。请问,在我国哪个地区流传着她"饮马洗剑""临水照镜"的故事?

A 青海省青海湖　　B 湖北省木兰湖　　C 内蒙古岱海

正确答案是:C 内蒙古岱海

我觉得《木兰诗》是大家非常熟悉的一首乐府民歌,很多人从小就吟诵"唧唧复唧唧,木兰当户织"。这道题其实不难,为什么呢?因为给出的选择一个在青海,一个在湖北,其实这道题是在问木兰和谁打仗,是和柔然打仗。北魏大战柔然主要的战场在什么地方?如果说是乌梁素海还是岱海,这是最容易混淆的,因为两者都在阴山山脉沿线。我先要讲一下她为什么叫花木兰,就能解答这道题了。花木兰原来不叫花木兰。唐代、宋代包括元代认为她或者叫魏木兰,或者叫朱木兰,或者复姓木兰。那么,她什么时候才叫花木兰的呢?姓花是到了明代,明代徐渭写《四声猿》,其中有一部戏叫《雌木兰替父从军》,说她爹叫花弧,然后她就姓花了。徐渭写了花木兰之后,从此之后就叫花木兰了。一般人都认为徐渭是信手给她取了这个姓,我的研究不是,徐渭为什么取花这个姓呢?徐渭是很有学问的,花这个字是什么时候出现的呢?古代没有花这个字,原来开花的"花"是写作中华的"华",当然还有一个字确实可以写"花",大家很少见到这个字,用软件打不出来了,是草字头,加"奇葩"的"葩"字中把"巴"换成为人民服务的"为"(爲),这个字就是"花"最早的异体字。我们现在的"花"是什么时间创造出来的呢?《康熙字典》说是北魏的太武帝拓跋焘命人创造的,拓跋焘16岁即位,17岁始光二年九月带兵北征柔然,在土默川与柔然大战。17岁的北魏太武帝拓跋焘,你知道他做了一件什么事情?他让文人创造了1000个新汉字,所以他对汉字的楷式,包括魏碑的影响很大。其中"花"这个字就是北魏始光二年创造的,所以你看北魏战柔然主要在土默川平原,土默川平原又叫呼和浩特平原,以呼和浩特为中心,你想是到岱海近还是到呼伦湖、贝尔湖还是乌梁素海近?很显然到岱海近,岱海就在凉城,和呼和浩特直线距离100多千米,到乌梁素海要300多千米,到呼伦贝尔那就更远了。所以,花木兰战柔然,她临水照镜的地方是岱海。

我再补充一点,岱海后来有很多考古遗迹被发现,尤其是在王母山、石虎山发现了仰韶文化。2021年是仰韶文化发现100周年,岱海考古遗迹的发现把仰韶文化的早期、中期和晚期在这一段都补齐了,这一发现非常重要。考古学家认为早在仰韶文化时期就有两支移民:一支是从陕西半坡或是河南三门峡的庙底沟原始移民,沿着黄河逆流而上,到了岱海;还有一支来自河南安阳后岗一期,他们经张家口来到岱海,这算是最早的走西口了。**(郦波)**

四大美女、四大才女都是"成团出道"

"胡笳本自出胡中,缘琴翻出音律同。"《胡笳十八拍》是感人肺腑的千古绝唱,艺术价值很高。请问,它讲的是我国古代四大才女中谁的故事?

A 蔡文姬　　**B** 李清照　　**C** 上官婉儿

正确答案是：A 蔡文姬

我们中国古代是讲噱头的，比如四大美女、四大才女、四大妖姬等。无论好人、坏人我们都喜欢给她组一个团，那么成团也是要有原则的，青春活力派、优雅知性派等。古人入团四大才女有没有原则呢？我觉得是有原则的，第一个原则当然是才华横溢，至少得有作品吧！第二个是什么呢？要赶上一个大时代，自己要有一个波澜壮阔的人生。一个过着锦衣玉食生活的女性可能入不了四大才女这样的团。那咱们看这四大才女是谁？一般意义上讲是卓文君、蔡文姬、上官婉儿、李清照。卓文君，她有作品《白头吟》，她赶上了汉武时代，当然她还有波澜壮阔的人生，她有和司马相如"文君夜奔""当垆卖酒"的故事。蔡文姬有没有作品呢？有两个作品，第一个是《悲愤诗》，中国古代五言的自传体长篇叙事诗，108 句、500 多字，杜甫也曾写长篇叙事诗《北征》等，蔡文姬的《悲愤诗》可以说是它的"祖宗"了。还有人说《胡笳十八拍》也是她的作品，《胡笳十八拍》是骚体的长诗，如果是她的作品就更厉害了，诗由 1297 个字组成，郭沫若先生曾经说这"是一首自屈原的《离骚》以来最值得欣赏的长篇抒情诗"。那么她赶上了一个什么时代呢？就是汉末三国，她的人生也是波澜起伏，父亲蔡邕是大学问家，她嫁给了卫仲道，本来过着很好的小日子，但是没有想到她的丈夫去世了，回到娘家又赶上董卓之乱，她就被掳到董卓的乱军之中。后来南匈奴又打过来了，她又被南匈奴掳走。有人说她嫁给了左贤王，但是非常多的人不认可，包括我在内，她不是嫁而是没入匈奴，跟王昭君去当宁胡阏氏完全不是一个意思。这些经历还不够，她在那儿生活了12年，一次一次打听有没有乡亲来，她的家乡怎么样了，后来等到了乱世枭雄曹操，曹操跟她的父亲蔡邕是好朋友，曹操把她给赎了回来，赎回来后她嫁的第二个丈夫犯了罪，她又去乞求曹操饶恕。这样颠沛流离的人生、这样的大时代造就了她，造就了《悲愤诗》这样的作品。上官婉儿也是，现在留存下来的上官婉儿的作品有 32 首诗，大家比较熟悉的有《彩淑怨》。她赶上的大时代是什么？是武周取代李唐，那是中国历史上唯一的女性称帝的时代。唐中宗时上官婉儿是内宰相，所谓内宰相，是起草最重要诏书的，而且对当时的文化事业做出了贡献，有人认为李唐格律诗就是在上官婉儿的推动之下形成的。李清照也是一样，她和赵明诚之间的婚姻关系，赵李两家的显赫身世和雄厚财力让他们过着"赌书消得泼茶香"的浪漫生活，不幸的是，她赶上宋金战争这样的大时代。她写下了"生当作人杰，死亦为鬼雄"这样的雄壮诗篇。

所以女性在历史上是有担当的，女性的肩膀同样担起了中国历史的责任，包括我们在这里说的"才"是一个文化责任。当我们描绘历史上这些女性的时候，不仅彰显她的才华，还彰显她的担当，就像长城一样，我们也希望长城担起时代的责任，犹如新时代的女性担当起时代的责任一样。（蒙曼）

古人用"胡""番""洋"给外来蔬果起名，方便判明来路

汉武帝时期，张骞出使西域所开辟的丝绸之路，成了中西方商业贸易的重要通道，促进了东西方文明的交流。这一时期引进了很多农作物，大大丰富了人们的物质生活，有一种蔬菜至今仍受大家喜爱，很多地方称它为"芫荽"（yán sui）。请问，下列哪个选项不是它的称谓？

A 胡荽　　B 香荽　　C 胡芹

正确答案是：C 胡芹

芫荽是大家日常经常能接触到的蔬菜，一般习惯叫作香菜。香菜的名字起得很直接，直接从感官上觉得这个菜能发出一种香味，就给它起了这样的一个名字。说到芫荽的食用历史，那就要讲到丝绸之路了，丝绸之路既是一个文化大通道，也是一个贸易大通道，很多物种是通过丝绸之路传过来的，包括我们现在非常熟悉的一些瓜果蔬菜。唐朝李颀的《古从军行》"年年战骨埋荒外，空见蒲桃入汉家"，就是讲我们现在吃的葡萄是从丝绸之路传过来的。丝绸之路有陆上丝绸之路，也有海上丝绸之路。随着贸易往来持续不断，我们现在餐桌上的食物变得很丰富。其中哪些是外来的呢？其实是有一些判断标准的，带"胡"字的、带"西"字的很多都是外来物种，比如胡萝卜、西瓜、西红柿。但是很多朋友会说胡芹也带"胡"，它怎么不是外来的？胡芹产自河南柘城的胡襄集，芹菜是中国早有的，《诗经》里讲"觱沸槛泉，言采其芹"，翻译过来就是：翻腾喷涌泉水边，我去采水中芹。所以说那时候就有水芹菜了。《列子·杨朱篇》里有一个很好玩的故事叫美芹之献，说有一个农民觉得芹菜特别好吃，就把芹菜献给了富人，结果富人一吃觉得非常难吃，而且还拉肚子了，这就是所谓的"芹献"，后来经常用作谦辞，表示把自己不成熟的意见送给别人或者把自己一些粗陋的东西送给别人，都可以叫芹献。芹菜是中国故有的，我们也不要说看见胡芹就直接等同于胡地传来的。（蒙曼）

唐僧西天取经的时候，看见过长城吗？

CHANGCHENG CHANG

唐僧西天取经的时候，看见过长城吗？

A 看见了　　**B** 没看见　　**C** 路过, 没注意

锁阳城塔尔寺遗存　　　　　摄影 / 董旭明

正确答案是：A 看见了

唐僧西天取经的时候不仅看见了、路过了，而且差点被长城上的唐军守军射死，所以说玄奘西游历经九九八十一难。首先玄奘西游属于"偷渡"，当时是贞观初年，因为与突厥的战争，河西走廊这条路基本上是被封死的，是不允许通行的。玄奘还没走到锁阳城就被逮住了，当时的凉州都督李大亮大为恼火，要把他遣送回去，而当时凉州有一位惠威禅师非常赞赏玄奘的壮举，就派了自己的弟子帮助玄奘连夜逃出城。李大亮一听玄奘跑了，就沿途发布追捕文书。惠威的弟子把玄奘送到了瓜州（锁阳城），玄奘出了锁阳城之后要沿着葫芦河走，非常难走，因为葫芦河紧邻玉门关，唐军守关非常严，凭一己之力出玉门关特别难，所以要不怎么说英雄惜英雄，当时的瓜州刺史独孤达，在问清楚玄奘的意图之后，也非常敬佩，帮他从玉门关下偷偷地"出境"了。这一路，确实是非常惊险。我们既可以看到当时长城守卫之严，也可见玄奘内心意志之坚。（郦波）

玄奘西行被称作孤征信仰之旅，但是我们现在说他并不孤独，为什么呢？因为这一路上，有万里长城相伴，有丝绸之路在他眼前。我听到"好汉营"里有朋友徒步走了万里长城，我很感动，我们称他们为行者，而历史上最著名的行者就是玄奘，他是彰显中华民族精神的一位非常重要的代表。玄奘为了一个信念走向远方，公元 627 年从长安出发西行，历经 19 年游历了 110 个和传闻所知的 28 个以上的城邦、地区、国家，但他始终惦记着根的方向，19 年之后的公元 645 年，他带着 657 部经卷返回长安。所以我们把玄奘行者的这样一种风貌叫万里无云万里天。（王纪言）

中国邮政2016年发行的特种邮票《玄奘》，一套三枚，分别为《西行求法》《东归译经》以及小型张，反映的是贞观年间高僧玄奘的重要事迹。玄奘从长安出发，西出玉门，为求佛法壮游西域十余年，归国后将亲身游历的见闻汇编成书。请问，这本由玄奘口述辩机编撰的书籍名称是什么？

Ⓐ 《大唐西域记》　　Ⓑ 《历游天竺记传》　　Ⓒ 《西域图志》

中国邮政2016年发行的特种邮票《玄奘》

正确答案是：A《大唐西域记》

　　我想起了鲁迅先生的那段名言："我们自从古以来，就有埋头苦干的人，有拼命硬干的人，有为民请命的人，有舍身求法的人……这就是中国的脊梁。"玄奘写《大唐西域记》，那么他是一个什么样的人？他是一个舍身求法的人。当时佛教已经传入中国几百年了，佛经庞杂，歧义丛生。玄奘已经是当时中国第一等的佛学家了，但他仍然觉得很多问题没有办法解释，所以想到印度去求法。那时是贞观元年，当时唐朝跟突厥之间的关系非常紧张，采取了禁止出关的政策。但是玄奘非常非常渴望能够学习佛经，所以他是"偷渡"出去的，一路上非常艰辛，终于到达印度求取了佛经。玄奘在印度待了17年，贞观十七年的时候决定回国。当时他在印度也是高僧，印度也在挽留他，但玄奘一定要回来，因为他发愿要把佛法带回中华。他在回来的路上又经历了两年的时间，真正回来的时候已经是贞观十九年了。唐朝在贞观十四年建立了安西都护府，贞观四年其实已经解决了突厥问题，那时候整个形势不一样了，他回来已经不再犯任何忌讳了。他受到了热烈的欢迎，被以国师之礼抬到了长安。回来之后唐太宗交给了他一个政治任务，因为玄奘走了那么多的路，对西域肯定有清晰的、直观的了解，所以要玄奘告诉大家西域是什么样子，这是一种战略眼光。

玄奘是贞观十九年回国的，《大唐西域记》是贞观二十年面世的。这3张邮票中的第二张是《东归译经》，其实东归之后紧锣密鼓办的第一件事是写《大唐西域记》，这可不是佛经，是讲地理、讲历史、讲文化，甚至是讲兵力，实际上《大唐西域记》是有一个写作模板的，西域200多城国，写每一个国家都是先写它有多大，然后它的都城是什么样，这个国家的地理状况怎样，农业如何、商业如何、语言如何、文字如何、国君如何、宗教如何等，是这样的一系列内容。实际上这也是唐朝当时掌握西域的第一手情报，而且是非常直观的。当然因为玄奘对宗教故事非常感兴趣，所以在写的过程中也会有所偏重。

《大唐西域记》也启发了中国人的神思妙想，影响了《西游记》的创作。《西游记》讲到西天取经要走十万八千里，实际上玄奘来回是五万里，路途中的艰难险阻我觉得不亚于《西游记》，书中的妖魔鬼怪可能是作者对自然的拟人化比喻。实际上玄奘一路走出去碰到了很多困难，首先当时的官家不让他去，还有路上的极大艰辛、诱惑，包括高昌王给他的诱惑，"御弟哥哥"不是哪个妖怪说的，也不是唐太宗封的，是高昌王封他为御弟，还给了他好多的便利让他留在高昌国。但玄奘说不，因为他要让佛法传回中华，他是舍身求法的人。《大唐西域记》现在大家可能看到的是季羡林先生校注的版本，现在中国在用、印度在用，印度的很多历史状况要靠中国的史籍还原。

再说一下有关西域的3本书，这3本书其实就是新疆或者说整个西域地区融入中华民族大家庭的一个过程,第一个是《历游天竺记传》,是东晋的法显取经回来后写的一本书。之后是唐朝的《大唐西域记》,然后是清朝傅恒的《西域图志》。最早的时候是当游记写,到清朝傅恒的《西域图志》时,把它就当官修的通志了。这说明什么?虽然那时候还不叫新疆,但是这片区域已经成为中华民族大家庭不可或缺的一个部分了。(蒙曼)

"偷渡"来到中国的地瓜竟是清朝人口增长的"大功臣"

汉武帝时期宫廷宴请,餐桌上不会出现以下哪一种食物?

A 葡萄 B 石榴 C 菠萝

正确答案是:C 菠萝

石榴、葡萄和菠萝确实都是从国外传过来的,但并不都是从西域传过来的,从诗句"空见蒲桃入汉家",我们可以肯定葡萄是从西域传过来的。石榴的全名原来叫安石榴,为什么叫安石榴呢?因为当时西域各国中有两个国家,一个叫安国,一个叫石国,这两个国家多产这种水果,所以叫安石榴。菠萝其实是16世纪通过海上丝绸之路传过来的。

说到这个海上和陆上,你会发现中国的很多水果和蔬菜的名字很有意思,比如胡萝卜、胡豆、胡瓜、胡桃、胡椒、胡葱、胡麻这些都带"胡"字,但是另外还有一些,比如说番薯、番茄、番麦、番椒(胡椒有叫胡椒,也有叫番椒的),都带一个"番"字,为什么区别这么大呢?其实就是进入中国的路径不同,凡是从陆地上过来的带"胡"字,从海上丝绸之路进来的带"番"字。还有一些比如洋葱、洋白菜,为什么这些都带"洋"字呢?因为它们是在清末民初从国外传入中国的,诸如此类的还有洋灯、洋油、洋火等。所以通过名字前面的"胡""番""洋"就可以区分它们大概是什么时候传入中国的。

有些人对洋芋、马铃薯、番薯这三种食物分不清楚,洋芋是马铃薯,就是土豆,是从海上丝绸之路传入中国的。番薯是地瓜,它促进了清朝人口爆炸式地增长。它是怎么进来的呢?明代时番薯主要种植在菲律宾、吕宋一带,因为番薯是救荒的好作物,是禁止出口的。当时有两位福建人陈振龙和他的儿子陈经纶,想把番薯带回中国,但是番薯被禁止出境怎么办?陈经纶很聪明,他知道番薯藤的生命力很顽强,掰断了之后往土里一插就能活,陈经纶想:既然番薯带不回来,那就把番薯藤带回来。于是他编了一个篮子,把番薯藤编在篮子里,然后反复浸水,篮子出海不会被限制,于是他就把番薯藤带了回来,并且在自家的农田里开始种植。正好福建大旱,面临粮食短缺的局面,于是福建巡抚当机立断推广种植番薯,使福建得以度过灾荒之年,同时也使康熙时期的人口爆炸式增长。所以这些食物的传播历史,其实也是一个文明的交流史。(郦波)

新疆维吾尔自治区库尔勒市脱西克吐尔烽燧　　　　　　摄影/董旭明

冰激凌的鼻祖酥山，唐代的壁画上早就有记载

如果你穿越回大唐，在长安朱雀大街两边的街市上。你不可能在市场上看到下列哪个景象？

A 酒楼里的"胡姬"　　**B** 菜市场的辣椒　　**C** 插着花朵的冰奶酪

正确答案是：B 菜市场的辣椒

辣椒是个外来物种，在明朝时由墨西哥传入中国，辣椒在中国也就 400 年的历史。如果你在唐朝的长安想吃一个带辣味且高端的，那得吃胡椒，它是从西域传过来、高档的且味道辣辣的消费品。

在唐朝，酒楼不能随便建，只有东市、西市才有，买东西你得到东市、西市，那么在那里你就能看到题目中的另外两个选项了，能看到酒楼里的胡姬，李白说得非常好，"胡姬貌如花，当垆笑春风"，那也是招牌，就像豆腐西施一样的招牌。还有什么呢？冰奶酪。很多人说："那个时候哪有制冰技术呀！"其实中国一直用冰，只不过那时候是用自然冰，因为唐朝统治者有少数民族血统，很爱吃奶制品，把奶油倒到冰上，然后再浇糖。糖是从哪儿来的？玄奘取经发现了印度制糖技术很好，于是唐太宗派人去学习了印度的制糖技术。把糖浇到奶酪上，又甜又香又冰，这就是当时的冰激凌了。

如果大家到陕西看乾陵，乾陵的章怀太子墓里面有一个壁画叫《仕女图》，仕女手里捧着什么？就是当时的冰奶酪，也叫酥山，大家一定要仔细看，不要误以为仕女捧着一个盆景。所以说当时的大唐真是盛世。（蒙曼）

如果有人捧着一盘辣椒出来,你觉得是吃的还是观赏的?明代的时候,辣椒由海上丝绸之路传入中国,在江浙种植辣椒最初和西红柿一样,是当作观赏植物的。据学者考证应该是贵州人最早吃辣椒,因为贵州缺少盐。

那么在唐代要逛街买"东西",源自当时唐代实行坊市制度,建有东市、西市。为什么说买"东西"?东市主要服务于达官贵人,西市比较大众化、平民化,包括西域来的商人,所以为什么说胡姬也可以在那儿出现,就是各色人等无所不包。其实,东市、西市是朝廷规划出来的,相当于当时最先进的商业综合体,再加上长安有百万人口,还有各国的遣唐使,各种各样人员的交流,当时市场之繁华莫如东西市,所以说你买什么都是在买"东西"。那么有人说了,《木兰诗》里"东市买骏马,西市买鞍鞯,南市买辔头,北市买长鞭",这比唐朝还早 200 年呢?我们有时候开玩笑说这是木兰去买,要换一个男的去,肯定在一个市就买齐了,女孩购物谨慎,看起来喜欢逛街。那么这里的"东西南北"就像"江南可采莲……鱼戏莲叶东,鱼戏莲叶西,鱼戏莲叶南,鱼戏莲叶北",它是汉乐府的常用手法,跟真正在大唐长安城里的东市、西市是不一样的概念,《木兰诗》里是表现她的准备,用的是乐府常用的复沓章法。(郦波)

大型文化综艺节目《长城长》开场文艺秀《丝韵唐风》剧照

胡椒在唐朝可以抵工资，连宰相都囤货

明宣宗时期，朝廷因为国库不足，于是开创了以物品代替俸禄发放的先河。请问，当时发工资用的是下列哪个物品？

A 人参　　B 鹿茸　　C 胡椒

正确答案是：C 胡椒

　　拿胡椒发工资这事儿真不奇怪，在当时胡椒是舶来品，是香料，属于奢侈品。在整个中世纪香料可是不得了。在中国也罢，在西洋也罢，因为香料而发动战争的比比皆是。胡椒非常珍贵，贵到什么程度呢？我讲一个唐朝的事情，唐朝有一个宰相叫元载，元载是贫苦家庭出身，因为做事挺靠谱，所以就一步一步地当到了宰相，后来他有了一些政敌，当然也是赶上当时朝廷的反腐败的斗争，总之就是朝廷把他给拿下了，之后就派人去抄他的家，结果在他家查到了八百石的胡椒。八百石的胡椒相当于现在 64 吨胡椒，64 吨胡椒换成金子的话，可以说是富可敌国了。元载在当时就是一个大贪污犯、大腐败分子，胡椒宰相成了历史上一个著名的笑话。在 5 世纪的时候，匈奴人去打西罗马，当时的匈奴首领阿提拉让西罗马必须交出胡椒来，不交就破城，可想而知那个时候胡椒有多珍贵。法国国王查理四世的妻子，就是珍妮王后，她说自己很有钱。有钱到什么程度呢？说是她的厨房里有 6 磅胡椒，所以说胡椒曾经是非常非常贵重的。

　　到明朝的时候，胡椒虽然比人参、鹿茸便宜，但仍然是一个很珍贵的东西。张居正改革的时候没钱发工资怎么办，国库里有胡椒、苏木，就拿胡椒、苏

木发工资，当然那时候的官员是不愿意的。如果换到是唐朝，胡椒可是价值不菲的宝贝，比黄金还要贵，他们肯定是愿意的。(蒙曼)

大家知道椒房殿用的是什么椒吗？花椒？辣椒？汉代给皇后居住的椒房殿，因为用椒和泥涂墙壁，并且取芳香之义，所以叫"椒房"。很多人以为椒是指胡椒，其实是花椒，因为胡椒是后来从印度传过来的。当然也有一种观点认为张骞曾经带了胡椒颗粒回来，但是并没有带胡椒的种子，所以汉代的时候不可能有大规模的胡椒种植，胡椒大规模传入中国的时间是唐朝。(郦波)

葡萄酒——元代祭祀太庙指定用酒

葡萄是什么时候传入秦皇岛地区的？

A 汉朝　　B 唐朝　　C 明朝

正确答案是：C 明朝

答案有一个明确的依据，就是文献依据，因为《地方志》有明确记载，1716年作为长城沿线的秦皇岛地区大规模种植葡萄，到今天已经有300多年，就是说葡萄是在明末开始大规模种植，这是文献依据。其实它的逻辑依据也是有线索可寻的,秦皇岛这个地方成为长城关隘重镇应该是在明朝,随着关隘重镇的建设,一步步有人群聚集了,葡萄随着人口的迁徙传入。

我们说汉代张骞出使西域的凿空之旅,已经把葡萄和葡萄的种植技术带回来了,因为刚引进葡萄种植还不多,导致葡萄酒贵重到什么地步?有一个陕西扶风的富商,这个人的名字叫孟佗,字伯郎,他贿赂了当时的宦官张让一壶葡萄酒,然后他就得到了凉州刺史的官职,可见葡萄酒在当时有多贵重。所以后来苏东坡不服气,写过一首诗:"将军百战竟不侯,伯郎一壶得凉州。"到唐代的时候,王翰的《凉州词》:"葡萄美酒夜光杯,欲饮琵琶马上催。醉卧沙场君莫笑,古来征战几人回。"然后到了元代,葡萄的种植带和长城沿线地理气候非常吻合,日照时间长。降雨少、昼夜温差大,特别适合葡萄的种植。即使这样,葡萄种植的量也很少,所以元代的时候,国家祭祀太庙指定用葡萄酒,一直发展到明代末期,秦皇岛地区葡萄种植技术才渐渐传播开来。就像我之前讲过,从单马镫的发现到双马镫的使用要经过漫长的百年之久,这就叫历史,这就叫沧桑。(郦波)

和亲往事

汉代曾有一位匈奴单于主动与汉文帝缔结契约,以秦昭襄王修建的长城作为分界和平共处。请问,这是哪位单于?

A 头曼单于   B 冒顿单于   C 老上单于

正确答案是:B 冒顿单于

我们说长城两边共生共荣,这绝对不是一句虚话,秦汉时期长城以南形成了统一强大的秦汉帝国,与此同时在长城以北形成了强大的匈奴帝国。匈奴帝国第一代单于是头曼单于,第二代冒顿单于,第三代老上单于,也是创业的三代单于。头曼单于第一次用了单于号,单于是广大的意思,有领土广袤、至高无上的寓意。第二位冒顿单于是一个很残暴的人,他把父亲头曼单于杀死,自己夺了单于位,他和中原交往中发生了著名的白登之围——把汉高祖刘邦围在白登山七天七夜,差点没下来。他不仅围了刘邦,还冒犯了吕后,要和吕后结亲。但是双方观念不一样,方方面面条件也不成熟,最终冒顿单于收回了自己的主张,吕后这边也没有发威。后来到汉文帝的时候双方都想通了,于是有了后来的"昭君自有千秋在,胡汉和亲识见高"。(蒙曼)

"昭君自有千秋在，胡汉和亲识见高。"

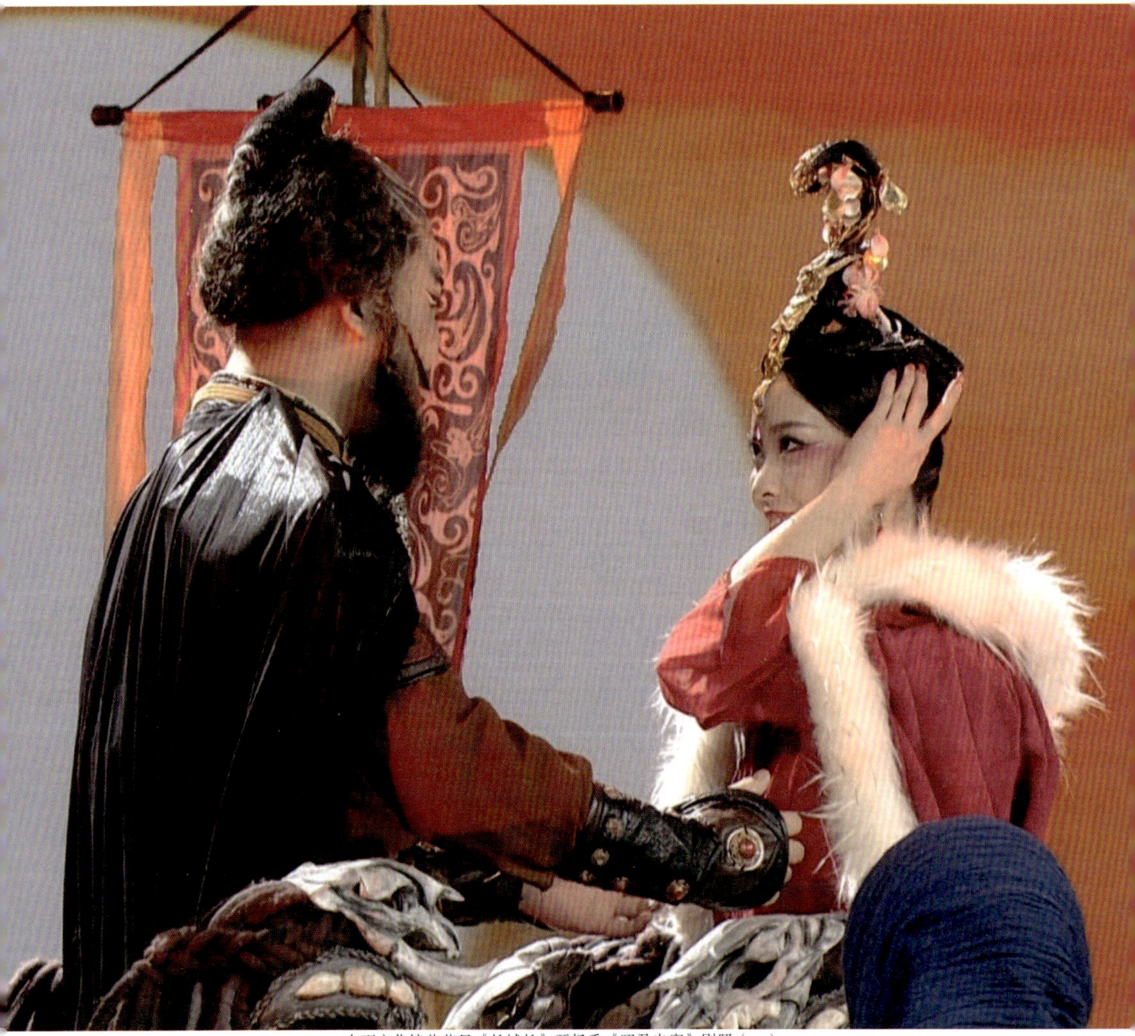

大型文化综艺节目《长城长》开场秀《昭君出塞》剧照（一）

唐代诗人杜甫曾在《咏怀古迹》中写道:"一去紫台连朔漠,独留青冢向黄昏。"请问,诗中的"青冢"指的是哪位美人的坟墓?

A 王昭君   B 西施   C 貂蝉

正确答案是:A 王昭君

有人认为中国古人中墓葬最多的女性应该就是王昭君了。首先说诗中用"青冢"这个词,其实写到"青冢"的诗很多,最早应该是王昌龄的《箜篌引》,他写"风沙飒飒青冢头"。纳兰容若的《蝶恋花·出塞》非常有名,"一往情深深几许,深山夕照深秋雨"。这一联非常有名,可是前面的一句是什么呢?是"铁马金戈,青冢黄昏路"。所以"青冢"这个词对于中国古代的知识分子、文人来讲,包括中国古代的老百姓,是有特殊意义的。为什么叫青冢呢?出自仇兆鳌对杜甫的诗的注解,说"边地多白草,昭君冢独青",边地多白草,只有青冢上的草是青的。有清代的学者来较劲儿,专门找昭君的墓,看上面的草到底是不是青的。我觉得这个"青冢"的"青"字,寄予了中国人对昭君的独特的情感。我记得翦伯赞先生当年写《内蒙访古》的时候,他讲到内蒙古的朋友跟他说,全国各地有很多昭君墓,在内蒙古大青山的南麓就不止十几处,大家都希望把昭君的墓葬留在自己的地方,可见老百姓对她的热爱。呼和浩特市的青冢,是当时昭君去世之后,北地的老百姓为表达对她的感恩,每个人用自己的袍巾带一捧土放在她的冢上,所以这个青冢越堆越高。我后来读翦伯赞先生《内蒙访古》这一段特别感动,"在大青山脚下,只有一个古迹是永远不会废弃的,那就是被称为青冢的昭君墓。因为在内蒙古人民的心中,王昭君已经不是一个人物,而是一个象征,一个民族团结的象征;昭君墓也不是一个坟墓,而是一座民族友好的历史纪念塔"。昭君被封为宁胡阏氏,她为长城两侧人民的文化交融做出巨大的贡献。和亲之后中原内地的金银器、铜器、铁器,包括陶器,还有米酒、棉纺织品大量地进入草原,草原的畜牧产品和皮毛也逐渐流入中原,长城地带呈现出贸易繁荣、"边城晏闭、牛马布野"的和谐景象,所以昭君的功绩是自有千秋在的。(郦波)

王昭君是一个什么样的形象呢？我觉得在历史上这个形象特别丰满,它在不断地变化。最早的《汉书》里讲王昭君,就说单于来了需要有人和亲,汉元帝挑了一个人,这个人就是王昭君。至于王昭君是什么心情、什么反应,并没有说。《后汉书》把她刻画得就更真实一些,王昭君听说要和亲,自请入胡,为什么呢？因为她无宠,有一个怨愤之情：你不喜欢我,我到别处去。她是一个性格刚烈的女性。后来到《西京杂记》又变了,就讲了画师毛延寿的故事,毛延寿收了钱,把丑女画成美女,而不给钱的美女就画成丑女。那么王昭君是一个什么人呢？清高的人,她明明知道这样的游戏规则,但她就是不给钱,最后就选中她了,这是清高而幽怨的形象。还有《琴操》等书中各种各样的塑造,形成了她在历史上特别丰富的形象。那么在我心中,我觉得从真实的历史而言,我愿意相信《汉书》中的描述,就是当她主宰不了自己的命运时,她真的能够或者愿意挺身而出吗？不见得。我想说王昭君是一位平民英雄,"群山万壑赴荆门,生长明妃尚有村",她出生在一个小山村,是一个选出来的宫女而已。中国古代什么人才能和亲,其实主流是公主和亲,因为家就是国,国就是家,国家有需求,公主不去谁去呀？王昭君不在这一类别里,她跟皇家没有那么深的渊源,但是她却去和亲了,然后带来了汉地和胡地的安宁。为什么昭君墓这么多、青冢这么多,我觉得老百姓是有良心的,一个民家的女子,担负起了公主的责任,为中原和塞北的友好做出贡献,人民永远记得她,所以就有了"昭君自有千秋在,胡汉和亲识见高"。(蒙曼)

昭君出塞最不可能携带的家具是什么？

大型文化综艺节目《长城长》开场文艺秀《昭君出塞》剧照（二）

汉元帝时期，王昭君跟随呼韩邪单于的和亲大队，从中原出发，告别故土，一路向北，跨越长城出塞之时，最不可能携带的家具是什么？

A 椅子   B 几案   C 屏风

正确答案是：A 椅子

汉朝以前，中国人形成了自己的坐姿礼仪，一开始人们的坐姿主要是跪坐，即跪在地上，屁股坐在小腿上，上半身则保持挺直，就是所谓的正襟危坐。这种坐姿保持久了不太舒服，而且坐在地上实在不太卫生，于是就使用了席子。西汉初年，人们将席子作为最主要的坐具。改变这一局面的是"胡床"的出现。"胡床"虽然带有"床"字，但它其实是一种长条小矮凳。在汉灵帝时传入中国，一开始只在北方使用，后渐渐流入南方。胡床传入中国后，影响了人们的起居方式，但跪坐的方式在当时仍然占主流。

"椅子"这个词最早出现在唐朝，唐代《济渎庙北海坛祭器杂物铭》中有记载："绳床十，内四椅子。"这句话的意思是，在十件绳床中有四件是可以倚靠的椅子。到了宋朝，坐椅子的习惯才逐渐流行起来。带来这种转变的、历史上的第一把椅子是交椅。我们中国人常说"谁坐第一把交椅"，后来延伸为排在第一的座位，比喻首要地位。交椅到了明清以后，皇帝出行、打猎的时候都有人给他扛着，皇帝累了就坐一会儿，后来交椅逐渐就演化为权力的象征。

几案、屏风是早就出现了的，此题需要选择的正确答案是最不可能携带椅子，其实不是有没有可能带椅子，而是那个时候没有椅子。椅子出现之前，中国古人的坐姿叫正襟危坐，正襟危坐最早见于《史记·日者列传》，也叫整襟危坐，是跪坐，为什么说谈得热乎了叫促膝而谈呢，就是跪坐的膝盖都快碰到一起去了，还有成语"管宁割席"中的管宁和华歆也是跪坐的。

椅子是什么时候有的呢？这就说到一个很有意思的话题了，就是床到底是什么？当年《百家讲坛》中马未都老师讲李白的"床前明月光，疑是地上霜"，他就讲这个床是胡床、是椅子，引起很大的争议。其实李白诗句中的"床"，我们考证更大的可能是井栏。那么椅子是不是胡床呢？有一个非常重要的证据，《世说新语》《晋书》里记载，东晋有两个大帅哥，一个叫桓伊、一个叫王徽之，王徽之我们应该很熟悉，"雪夜访戴""乘兴而来、兴尽而归",是一位"行为艺术家"。有一次,他到南京一个叫肖家渡的渡口,在船上看到有一队人马过来,当时人群很轰动,原来是南京城里的一个大帅哥桓伊出行。桓伊是东晋杰出的音乐家,尤其是笛子吹得好。蔡文姬的父亲蔡邕的焦尾琴在古琴里面排天下第四,他还有一把笛子天下第一,叫柯亭笛,后来就传到桓伊的手里。王徽之与桓伊没有见过面,王徽之当时还没有功名,就让仆人写个纸条上前,向桓伊说:"闻君梅花曲,能为一奏否?"听说你笛子吹得特别好,尤善梅花之曲,能为我吹一曲吗?然后桓伊就下马为王徽之弄笛《梅花三调》,这就是著名的《梅花三弄》的源起,吹完之后两人不交一语,擦肩而过,这就是魏晋人的风范。这里有个细节很关键,桓伊是在什么地方吹的笛子,说桓伊下马取床,踞床为徽之弄《梅花三调》,你想下马取床,然后就坐在这个床上为王徽之吹笛,说明这个床是什么?就是个小马扎。北方人太熟悉了,尤其在部队里,士兵背包后面常有一个小马扎的。所以魏晋的时候床是指胡床,就是马扎。但是椅子这个说法是到唐代开始有的,我们常说的水泊梁山忠义堂里"谁坐第一把交椅","头把交椅"我们以为是第一把椅子,其实是排在第一的座位,比喻首要地位。为什么叫交椅呢?因为它的椅足是交叉的,就是从胡床来的,最早的交椅就是椅子。所以古代人从席地而坐到有凳子、椅子来坐历经了千年。我们回望历史觉得一切尽属当然,可是在历史进程中,哪怕是技术上的一点点突破其实都是费尽了心血、耗用时间积累的。(郦波)

椅子出现了,就要和高桌配套了,那么几案出现的时候,人们怎么吃东西呢?就是分餐制。现在很多人觉得分餐是一个洋玩意儿,但实际上中国古代就是分餐制。比如说"孟光接了梁鸿案",那是举案齐眉的时代,举案齐眉是这小两口看着很恩爱、很和谐,但是吃饭是分着的,一个人一个案,上面放着自己的饭菜。而且分餐制的时代是讲等级的时代,案的规格、案上的东西是不一样的。到唐宋之后大家坐椅子了,因为坐了高的椅子,所以就有

了高的桌子，然后就把杯盘碟碗都摆在一块了。现在有的农村办红白事的时候用八仙桌。为什么叫八仙桌？八仙是什么关系？是平等的关系，咱们都可以够到菜吃,离的距离都是一样。从一个礼法森严的社会,到了一个更加活泼、自然、平等的社会，这是椅子、桌子这些物质上的变化给我们带来的精神上的变化，甚至也可以说精神上的进步。(蒙曼)

何以解忧，唯有杜康？解忧公主的圆满人生真跟杜康没关系

请根据以下线索，说出这位女性：

> 线索：1. 她是汉朝的一位公主；
> 2. 她从长安出发,跨过河西走廊,沿着长城一路西行；
> 3. 她远嫁的地方,是古代西域三十六国之一的乌孙国。

正确答案是：解忧公主

　　咱们说解忧公主与细君公主比也好，与文成公主比也好，与任何一位和亲公主比也好，我觉得她的人生最圆满，圆满在哪呢？

第一她是一个真正建功立业的公主,中国古代和亲公主那么多,有的命运很悲惨,去了之后甚至就被人杀掉了,没有机会建功立业,但是解忧公主正处在西汉远交近攻打匈奴的大战略时期,汉匈战争没有见分晓的时候,乌孙当时在伊犁河流域,汉朝就派公主和亲,先派去的就是写《鸿鹄歌》的细君公主,"吾家嫁我兮天一方,远托异国兮乌孙王",但是细君公主短命,很快就去世了。可是跟乌孙的战略联合是不能断的,所以才有解忧公主再嫁乌孙。解忧公主当时也算是罪臣之女,她的爷爷是楚王,参与了七国之乱,楚王的罪过直接影响到子孙,他们家就没落了,解忧公主再嫁乌孙王,为汉

甘肃省西湖农场汉代长城及烽燧　　　　　　摄影/董旭明

朝和乌孙的联合做出巨大贡献。匈奴远走之后,西域就成了汉朝的地盘,所以建了西域都护,乌孙成为西域都护属下的一部分了,这些是在解忧公主大力支持之下才能够建立的大功业,而且这种支持历经汉武帝、汉昭帝、汉宣帝三朝,这是她第一个非常圆满的地方。

第二个,她荣归故里。想想看,和亲公主嫁出去能再回来那是太罕见了,有的回来是因为国破才回来,但是解忧公主不是这样的。解忧公主在70岁的时候说:"我老了,已经出使50年了,我思念故土,我想回来。"那个时候整个西域的问题解决得很好了,所以汉朝就把她接回来了。你想班超想生入玉门关都是很不容易的,但是解忧公主真的回到了长安,而且回来后她的地位也变了,出去的时候她是罪臣之女,回来的时候是按照公主的礼节,作为汉朝的姑太太荣归故里,所以礼节非常隆重。

第三,说实在的和亲公主嫁到那么远的地方,生活习惯不同,水土不服,细君公主很快就去世了,但是解忧公主活到70多岁,得享遐龄,这在古代和亲公主之中是罕见的。她还带出了一个了不起的侍女,就是冯嫽冯夫人,当时跟着解忧公主到乌孙,嫁给了乌孙的右大将,而且最厉害的是她三次持汉节出使西域。说到持汉节出使之人,我们会想到苏武牧羊,会想到班超持节,但是冯夫人她是三持汉节,甚至在解忧公主回到长安之后,她还不放心那边的局面,仍然愿意出使。这是一位了不起的女性,所以蔡东藩先生曾作诗称赞冯嫽:"锦车出使送迎忙,专对长才属女郎。读史漫夸苏武节,须眉巾帼并流芳。"(蒙曼)

蒙曼老师讲要生入玉门关那种圆满的结局,解忧公主确实最圆满,但要说功业大小恐怕还比不上文成公主,因为现在拉萨大昭寺前面的唐蕃会盟碑铭刻着这段功业。当然功业不只文成公主一个人的,但是文成公主的远嫁特别有意思,松赞干布其实在贞观八年来求亲,唐太宗当时断然拒绝。要不说这个外交使节的作用很关键,当时来求亲的使臣回去跟松赞干布说,不是太宗皇帝不认可我们，是有另外的人求亲——吐谷浑，这帮家伙坏了我们好事。当时吐蕃军力超强，松赞干布一听就去把吐谷浑痛打了一顿，打完之后到贞观十二年再度求亲，这一次唐太宗应允了。这一次著名的婚使是禄东赞，藏族里面一个智者型的人物，关于他的民间传说也非常多。文成公主是宗室女，多猜测其父为江夏郡王李道宗，史学界还有争议。文成公主是任城人这个是确定的，就是现在的山东济宁。文成公主是一位才学之士，她带去了大量的中原技术工人，对藏族地区的文化进步起到重要的推动作用。当时藏族百姓称文成公主叫甲木萨，藏语中"甲"是汉族人的意思，"木"是女性的意思，"萨"是仙女，就是汉族的仙女来拯救我们，现在藏族百姓还说文成公主是绿度母的化身。布达拉宫最早是松赞干布为文成公主建的，布达拉宫的壁画上就有很多这方面的内容。文成公主的功业为什么大呢？就是文成公主后面还有一个金城公主，大昭寺前的唐蕃会盟碑上说贞观之岁迎娶文成公主，景龙之岁迎娶金城公主。因为连续地和亲，促成了吐蕃和唐朝"社稷如一统""情谊绵长"。

还有一件有意思的事情，唐太宗把文成公主许给松赞干布，是大唐和吐蕃的两个男人决定的。到金城公主和亲的时候，主持求亲的是吐蕃主政的皇太后，叫没庐·赤玛伦，答应和亲的是我国古代唯一的女皇帝武则天，两次和亲对照起来看特别有意思。(郦波)

长城边上的生意经

 长城沿线的"马市"
对民族融合有多重要

明代长城沿线最具有代表性的贸易市场是什么?

A 榷场　　B 马市　　C 西市

正确答案是:B 马市

榷场、马市、西市,从字面上来说,马市、西市都给人感觉是很典型的贸易市场。西市为唐代都城长安的民间贸易场所。在宋与辽、金、元之间交易的时候用的是榷场,"榷"这个字在训诂学中是独木桥的意思,引申为专营、专卖。

明代的马市在民族融合中的作用非常关键，为什么叫马市呢？主要是收买游牧民族的马匹资源，以补充军马的不足。对于当时游牧民族来说，需要中原出产的铁器、布匹、盐、茶等生活物资，因而形成一种交易市场，互通有无。但是历经多年战争，双方开设马市是非常慎重的。1581 年，俺答汗和三娘子建库库和屯城，也叫三娘子城，成为汉族、蒙古族人民经济和文化交流的中心。当时明朝的首辅是张居正，他主张"恩威并用"的民族政策，所以张居正主政期间，长城两边的马市非常兴旺。明代的马市对民族融合至关重要。

（郦波）

陕西省长城资源调查人于春雷在榆林市镇北台

陕西省长城资源调查人于春雷说："我是于春雷，我在陕西。凡是来榆林的人，必须到镇北台走一走。它是'万里长城第一台'，是明长城遗址中最为宏大、气势最磅礴的建筑之一，是最大的瞭守墩台，也是明朝时期民族间经济交流的重要见证。镇北台位于款贡城西南角，西南 1 千米处还建有易马城。请问，如果你是明代的百姓，下列哪件商品是在款贡城中买不到的？"

Ⓐ 牛　　　　　Ⓑ 砖茶　　　　　Ⓒ 米

正确答案是：C 米

　　长城除了防御的作用，它还有内外经济贸易交流的功能，明代时期在万里长城沿线设置了非常多的官方贸易市场，镇北台所在的红山市就是明代陕西三边四镇最大的一处官方交易市场。它以镇北台为中心，以长城为分割，在内外设两座城池供双方交易物资。每年在规定的时间、对规定的交易物资品种进行大规模的交易。当然这种交易不是一个完全意义上的自由贸易，它更多体现的是中央王朝对边疆地区的一种经济辅助政策，当然随着后来民族融合的加深，长城沿线的这些互市场所就变成了自由交易的市场，因为万里长城沿线连绵，各区域的交易物资不尽相同，因为陕北地区不产大米，所以这道题的正确答案应该选 C。（王仁芳）

在马市，有的东西可不能随便买卖

明代中后期，朝廷在长城沿线开设了市场。请问，人们在市场上买不到的是什么？

Ⓐ 盐　　　Ⓑ 耕牛　　　Ⓒ 铁锅

山西省大同市得胜口马市　　　　　　　　摄影/董旭明

正确答案是：C 铁锅

　　铁锅为什么买不到？马市一开始作为官方市场的时候，虽然铁锅会有限量但还是可以买到的，渐渐地过渡到民间市场以后，明朝廷就管理得非常严格了，铁锅在马市不允许出现。这是为什么呢？马市是明朝廷在边疆开设的交易场所，北方游牧民族拥有马匹资源，可以用马换取生活物资，同时他们还需要大量的铁器，因为他们缺少铸造铁器的原材料，但是用马匹换取铁锅是不可以的，因为铁锅是铁器，可以作为兵器的原材料，那等于是换战略物资了，所以不能用马匹换铁锅。**（郦波）**

南茶北进，才有了你们心心念念的奶茶

长城两边的游牧文明与农耕文明不断融合，造就了许多美食。请问，下列食物中，哪种食物不属于两种文明融合的美食？

A 呼和浩特的烧麦　　**B** 奶茶　　**C** 豆腐酿

正确答案是：C 豆腐酿

这几个选项当中，我要特意强调的是呼和浩特的烧麦，因为南方烧麦的种类也非常多，有广式的烧麦、江浙的烧麦，南方烧麦主要是糯米馅的，粤菜的烧麦里会加很多虾仁。我记得第一次到呼和浩特，人家请我吃烧麦，问郦老师能吃多少，我说平常四五两。他们告诉我四五两烧麦可不得了，呼和浩特有一句话叫"二两烧麦憋死汉"，它的斤两是根据烧麦皮来计算的，并不是包好烧麦的重量。呼和浩特的烧麦那不得了，个又大，而且里面是羊肉馅。关于呼和浩特的烧麦，我看到文献里说在晚清民国的时候，呼和浩特的烧麦是茶社里喝茶的时候顺带吃的，相当于一个茶点。乾隆有一首诗是写烧麦的："烧麦馄饨列满盘，新添挂粉好汤圆。"我们要从美食的渊源说，有一种说法北方的烧麦要么起源于呼和浩特，要么起源于山西，其实是长城内外晋蒙文化的交融、饮食文化的交融，是来自河套地区的面粉与游牧地区的羊肉的交融。奶茶就更不用说了，内蒙古人喝奶，然后南方的茶通过茶马古道、万里茶道，在安徽祁县这个中转站做成砖茶，到了塞外之后和奶融合在一起，形成了奶茶这种独特的饮品。（郦波）

宁夏回族自治区石嘴山市明长城归德沟段　　　　摄影 / 董旭明

砖茶因外形接近于城砖而得名，是我国内蒙古、新疆、西藏、宁夏、甘肃等地的居民长期以来的生活必需品。《唐史》就有"嗜食乳酪，不得茶以病"的记载。请问，下列哪一地区不是砖茶的主要产地？

Ⓐ 湖北　　　　Ⓑ 湖南　　　　Ⓒ 广东

正确答案是：C 广东

中国的茶是什么时候有的呢？这还真不好说，有些人说西周，有些人说秦汉，有些人说一直到唐朝才有茶，因为之前茶是写作"荼"，"开到荼蘼花事了"的"荼"，后来因为陆羽的《茶经》，才去掉一"横"成了茶，现在我们拿茶当民族融合的一个典范来说，实际上更早的时候少数民族并非一日不可无茶，比方说北魏的时候王肃北奔到了孝文帝手下，孝文帝就说你们吃鱼，我们吃肉，你们喝茶，我们喝奶，那你评一评咱们这个口味都怎么样。王肃说牛羊肉就像大国一样，鱼肉就像小国一样，咱们都是国，但是茶不行，茶是酪奴，意思就是茶是给奶当奴才的，说明当事人对茶的评价并不是很高，也说明当时北魏是北方少数民族，人家不喝茶照样生活得挺好。话又说回来，茶的消食解腻的功效是确实存在的，后来随着双方交往的增加，北方少数民族包括西南少数民族就越来越爱喝茶了。比方说唐朝和回纥开展绢马贸易，就是我给你丝织品，你给我马，后来慢慢变成茶马贸易，到宋朝的时候茶马贸易就是一个主流了。为什么呢？因为绢的生产力是有限的，茶是漫山遍野的，到处都有山，有山就有茶，茶的产地很广泛，包括湖南、湖北、四川、浙江等地都是有茶的，所以茶马贸易就成为主流了。当时主要是政权与政权之间的贸易，当然民间贸易肯定也有，到明清民间贸易就越发繁盛了，万里茶道一直到圣彼得堡，茶马古道到云南、西藏，茶成了农耕民族和游牧民族沟通的重要物资，也正是因为这样一片小小的茶叶，中原民族和游牧民族紧紧地结合在一起，一起享受着香甜的茶叶之美。（蒙曼）

今天为什么需要长城

 "爱我中华，修我长城"
凝聚国人共识

1984年，邓小平同志面对长城破损的城墙，向全社会发出什么倡议？

- A "爱我中华，护我长城"
- B "爱我中国，修我长城"
- C "爱我中华，修我长城"

北京市怀柔区明长城箭扣段　　　　　　　摄影 / 董旭明

正确答案是：C "爱我中华，修我长城"

其实我们中国的长城从清代中叶之后就出现了被损坏的现象，慢慢地很多地方变成了废墟。新中国成立之后，我们国家为了保护长城，成立专门的机构进行保护和管理。1984年我们开展了一个"航空遥感综合调查"，因为当时条件有限，遥感调查只针对北京地区。即便是局部地区的调查，我们也可以看到有70%左右的长城已经被损坏了，有的变成了土堆，有的根本看不出形状了。现在我们能看到的像八达岭或者慕田峪这样的长城是非常少的，而且现在看到的八达岭长城，是被修复过的了。

2006年国家成立长城资源调查项目组，2007年开始对全国15个省（自治区、直辖市）进行长城资源普查，这次普查是比较全面和准确的，对长城的长度给出了更新的数据21196.18千米，在这个数据之外还有一个数据是43721处（座/段）遗存，也非常明确地标识出来。调查数据显示，只有8.2%

的长城遗存保存得比较好，其他大部分是坍塌的状况，有的甚至建筑基础都不存在了。长城的保护任重而道远。（解丹）

如果外国元首也有朋友圈，这里是他们最爱晒的打卡地

很多外国元首都在北京的八达岭长城合影留念。请问，在以下的外国元首之中，哪位没有在八达岭长城拍照留念？

Ⓐ 尼克松　　　Ⓑ 伊丽莎白女王　　　Ⓒ 默克尔

正确答案是：C 默克尔

　　从 1954 年以来，上过八达岭长城的国家元首有 500 多位，不是位列世界第一，也是世界前列了。1972 年的 2 月，美国总统尼克松游览八达岭长城，那一年中美正好建交，我觉得尼克松总统登八达岭长城的时候，一定是春风拂面，感慨万千。他留下这样的话："只有一个伟大的民族，才能造得出这样一座伟大的长城。"（王纪言）

2002年2月22日，时任美国总统的（　　）和他的家人伴着120名小学生的歌声登上位于中国北京的八达岭长城，并留下了题词："祝愿我们的人民永享和平！"

A 乔治·沃克·布什　　**B** 克林顿　　**C** 奥巴马

正确答案是：A 乔治·沃克·布什

　　布什的这次访华是叫作工作访问，并不是国事访问，国事访问一般在3天左右，工作访问非常短，有什么事处理完就走了。一般的工作访问是不安排参观的，去八达岭长城是布什自己提出来的，因为他的父亲任美国驻北京联络处主任的时候带他去过，这次以总统身份想再去一次，所以说时间就特别紧张，他在长城上只有20分钟的时间，从八达岭长城下来就要立刻去机场回美国，所以白宫办公厅和我们外交部礼宾司就提前给他踩点。我的工作是要陪着他讲解长城的历史。那一天，布什正点到达，然后我们正点上了长城，也正点给他讲了，外交部礼宾司的同志通知我带着他往回走，但就在这时布什突然问30年前尼克松总统走到了哪儿，因为尼克松是1972年访华，他与尼克松来八达岭长城正好相隔30年，当时我们是在北二楼的地方看长城，我指着北三楼说在那儿，布什说"我得超过他"，然后就突然往前走，我就只能跟着他往前走，一直走到北三楼，他站到楼门口往里看了看，意思是"我进了北三楼了，超过了尼克松"。其实他是对我们的长城、对人类文化遗产的一种敬仰。这一路下来他待了将近一个小时，下来以后请他签名留念，他签名后准备走，我就拦住他了，因为我们这一路都在聊和平，为什么中国人费这么大的劲修长城，就是心中有一个不想打仗的愿望、一个和平的愿望。道理很简单，修长城的人不可能背着长城去打别人，是在世世代代都不打仗的这样一个愿望的支撑下，才会把长城建得如此高大、如此坚固、如此雄伟。所以我请他在长城为和平写一句话，他在留言簿上题词："祝愿我们

2022年2月董耀会（左二）陪同美国前总统布什登八达岭长城　　董耀会提供

的人民永享和平！"在长城上大家对中国文化的了解和对世界文化遗产的敬仰，表现得还是非常充分的。**（董耀会）**

徒步走完中国长城的外国人宣传长城有多拼

第一位全线徒步考察明长城的外国人是？

Ⓐ 威廉·盖洛　　Ⓑ 克拉克　　Ⓒ 斯坦因

正确答案是：A 威廉·盖洛

威廉·盖洛是美国的一位探险家，他在 1908 年的时候完成了从山海关到嘉峪关的徒步考察，并且把徒步过程中的所闻、所见集结在一本书里，叫《中国长城》。有一位英国摄影师威廉·林赛，他看到了《中国长城》这本书之后萌生了一个想法，就是在《中国长城》书中所述地点拍摄历史与现在的对比照片，相当于与一百年前的盖洛完成一次时空对话。它不仅让我们看到了历史上长城的模样，而且对于现在我们推进长城保护工作是非常有意义的。我们应该感谢这些外国友人，他们向世界宣传了中国长城，把我们的长城文化宣传得更广、更远，让世界知道我们有非常令人骄傲的世界文化遗产。

（解丹）

 辽宁开采出单体118吨玉石，为什么用来雕长城？

明长城东起辽东虎山，而九门口关作为辽宁最为知名的长城关口，经过了六百多年的河水冲刷，至今仍屹立如初。辽宁的历史文化悠久，世界上第一只鸟和世界上最早的花都在这里被发现。同时辽宁堪称中华民族的福地，一共为国家贡献了 35 位奥运冠军，居各省区之首。2018 年辽宁开采出了一块单体重达 118 吨的玉石，这块难得的玉石最终确定了以长城为主题来进行雕

琢。2019 年，经过四位玉雕大师通力合作，诞生了世界上最大的玉雕长城，为新中国成立七十周年献上独特的贺礼。请问，这块玉的产地是辽宁的哪里？给大家一个提示：这里是中国四大名玉产地之一，与新疆和田齐名。

A 独山　　　**B** 蓝田　　　**C** 岫岩

正确答案是：C 岫岩

　　玉文化里有四大名玉之说，新疆和田玉大家很熟悉，独山玉产于河南南阳的独山，"蓝田玉暖日生烟"指的是陕西蓝田玉，这道题的答案是辽宁的岫岩。岫岩玉其实很重要。我们在辽西考古发现的新石器时代的玉器，尤其是红山文化遗址出土的玉器基本上都是岫岩玉。远到殷墟妇好墓，近到明代十三陵中的定陵都发现了岫岩玉。

　　中国的玉文化博大精深，殷墟甲骨文中玉字的写法有很多种，汉字里以玉做字根的字大家猜有多少？以玉为字根的有 500 多字，以我们熟悉的贾宝玉的"宝"来举例，宝字的繁体字"寶"，宝盖头代表房子、家，里面有贝和玉，贝是最早的货币，君子、贵族要配玉，所以宝玉就是玉者珍宝之义也。**（郦波）**

　　为什么玉是好词呢？因为我们认为玉是有德行的，孔子讲"君子比德于玉"，意为玉有仁、义、礼、智、信等美好的德行。所以你看那些古文化里，无论是红山文化，还是良渚文化都大量地用玉。现在我们做《长城长》这个节目，我觉得我们长城的精神和玉的精神是一致的，"宁为玉碎不为瓦全"是我们长城的刚强气概，"化干戈为玉帛"是我们长城的和平精神，"艰难困苦，玉汝于成"是我们长城的坚韧顽强，所以《长城长》也比德于玉。**（蒙曼）**

　　我们中国的玉文化最早出现在新石器时期，新石器遗址中凡是发现有玉的地方一般是大的聚落，有环壕或者石城，环壕和石城起防御作用，防御其

他部落,也防御猛兽。内蒙古敖汉旗的兴隆洼遗址、赤峰的夏家店遗址就是距今六七千年的古遗址,都有聚落的环壕和石城。**(董耀会)**

《万里长城永不倒》
——武学救国的启蒙

《万里长城永不倒》是一部电视剧的主题曲,这部电视剧以一位爱国武术家的传奇经历,表现中华儿女忠诚坚忍、不屈不挠的精神。请问,这位武术家是谁?

 陈真   叶问    霍元甲

正确答案是:C 霍元甲

  这首歌唤醒了我的回忆,我会唱的第一首粤语歌就是这首歌,我记得那时候有两部影视作品影响了我整个的青少年时期,一部是《霍元甲》,一部是《少林寺》,它们燃起了我青少年时期的一种梦想,也是我后来学习武术的原因,尤其是《霍元甲》的主题曲深刻地烙在我的心中。我小时候在山东长大,没有听过粤语,这首歌使我第一次对语言产生了浓厚的兴趣。

  霍元甲是一位传奇的人物,他不仅强健自身的体魄,也维护民族尊严,

我觉得更重要的意义是他与农劲荪、陈公哲等人一起创办了精武体操会,这是中国近代史上最早的体育团体。孙中山先生为精武体操会题字"尚武精神",称霍元甲提出的"欲使国强,非人人习武不可",这个信念是点燃中国人救亡图存星火的一盏明灯。也许今天的人不太明白为什么一位武术大师能得到孙中山先生如此之认可、如此之推崇,这与当时的时代背景息息相关。霍元甲生于公元1868年,死于公元1910年,这个时期是鸦片战争之后中国近代史上遭受沉重屈辱的时期,在近代留存下的一些照片中,印象最深的是国人在鸦片馆里吸大烟的样子。历史真是让人活久见,2022年4月初美国竟然将大麻合法化。我还看到一个新闻,为了让吸毒的人不过量吸毒,美国准备在街头设立帮助吸食大麻的公共场所,这不就是大烟馆吗,真是让人感慨万千。

万里长城　　　　　　　　　　　　摄影/董旭明

在我们中国当年那段沉重的历史中，每一个中国人，在每一个领域做出拯救中华民族的，哪怕是些微的努力，都是弥足珍贵的。霍元甲虽然只是一位武术从业者，但是我们称之为武术大师、武术宗师，在这个大师和宗师的评价里，不只是对他武技的评价，还蕴含着对他在那个时代强健国人体魄、强健国人精神的认可。（郦波）

摄影／董旭明

> 这是国家的歌,人民的歌,
> 永远激励中华儿女
> 前进、前进、前进进

请根据以下线索,说出一首歌曲的名称:

线索:1. 自1935年诞生以来,它的传唱度与知名度很高;
　　　2. 这首歌的歌词最初写在香烟盒背面;
　　　3. 最初为电影《风云儿女》的主题歌,后成为中华人民共和国国歌。

正确答案是:《义勇军进行曲》

《义勇军进行曲》作词是田汉,作曲是聂耳,但是很多人并不知道聂耳是在1933年1月入党,而田汉是他的入党介绍人。1934年田汉为《风云儿女》做编剧,他躲在一个小酒店里,因为他正在被当局抓捕,就在被捕之前他把歌词写在了香烟盒上寄到了日本。当时聂耳在日本,聂耳看到歌词后非常激动,为它谱曲的时候一气呵成。在谱曲过程中,聂耳把原词中的"冒着敌人的飞机大炮"改成"冒着敌人的炮火",因为他要表现更紧凑的情绪,他觉得"飞机大炮"这四个字多了,尤其到最后,聂耳控制不住自己的激情,他又在"前进、前进"之后加了"前进进",他觉得这样才能把情感全部地涌现出来。1935年《义勇军进行曲》诞生了,1935年7月电影上映的时候刚好田汉被释放,然而可惜的是聂耳在日本躲避当局的搜捕时不幸落水身亡,聂耳没有听到自己谱的《义勇军进行曲》,但无数的后人、无数的中华儿女至今仍在唱着这首伟大的《义勇军进行曲》。**(郦波)**

附录

长城长

长城：
　　习近平总书记多次指出："当今世界，人们提起中国，就会想起万里长城；提起中华文明，也会想起万里长城。"
　　习近平总书记强调，长城凝聚了中华民族自强不息的奋斗精神和众志成城、坚忍不屈的爱国情怀，已经成为中华民族的代表性符号和中华文明的重要象征。要做好长城文化价值的发掘和文物遗产传承保护工作，弘扬民族精神，为实现中华民族伟大复兴的中国梦凝聚起蓬勃力量。

战国龙纹玉器：
　　龙是神话传说中的神异动物，为百鳞之长。龙文化是中国的历史传承，是中华民族最具代表性的文化象征之一。

绿宝石：
　　绿宝石中的祖母绿象征着幸运、幸福，海蓝宝石象征着沉着、勇敢和聪明。

云：
　　云是中国图案上的重要装饰形象。

朱雀纹：
　　朱雀在汉代又称为"朱鸟"，朱雀与朱鸟就是"凤凰"。

玉：
　　玉必有意，意必吉祥，玉有吉祥如意的寓意，一直以来有长时间与人体接触，能让佩戴者事事顺心如意的说法。其又像绿色的宝石，代表着生命和绿色生态。

云雷纹：
　　云雷纹最早出现在新石器时代晚期，古人认识到了云和雨、雨和万物生长的紧密关系后，就对高高在上的云产生了崇拜和敬畏之感，故而有了"云雷纹"。
　　云雷纹，有着延绵不绝、生生不息等美好寓意。

草：
　　内蒙古的草原、生命、长城边上的森林植被。

《长城长》节目标识释义

《长城长》节目主持人刘钦、胡霄燕

《长城长》节目台前幕后

长城资源调查人

《长城长》不仅是一场长城文化知识竞赛,更是地域间长城文化传承与守护的"接力"。

自2021年9月开始,《长城长》节目组自东向西分赴长城沿线15省(自治区、直辖市)进行拍摄,探访长城资源调查人并现场录制视频。

许继生　黑龙江省金长城资源调查人

李树林　燕山大学中国长城文化研究与传播中心特聘研究员
国家社科基金项目"燕秦汉辽东长城田野考古调查研究"课题负责人

张恺新　辽宁省长城资源调查人

李文龙　河北省长城资源调查人

《长城长》节目主持人

河北广播电视台主持人 丁蕊

北京广播电视台主持人 李杨薇

宁夏广播电视台主持人 赵智杰

甘肃广播电视台主持人 汪云霞

青海广播电视台主持人 草吉拉毛

黑龙江广播电视台主持人　有才

吉林广播电视台主持人　王炳慧

辽宁广播电视台主持人　张明

天津广播电视台主持人　杨婷婷

山西广播电视台主持人　雷璐

陕西广播电视台主持人　郭旭东

新疆广播电视台主持人　马丹鹏

山东广播电视台主持人　王晓龙

河南广播电视台主持人　赵靓

《长城长》节目主创人员

总策划、出品人： 高文鸿
策　　　　划： 布和布音　贾　杰
总 制 片 人： 刘　钦
总　导　演： 郭　慧
文化资源统筹： 胡霄燕
融媒体宣传统筹： 乔　艳
视频短片统筹： 乌兰巴根
题库内容统筹： 王鹏飞　史佳冉
题 库 专 家： 张玉坤　齐东方　塔　拉　李文龙　吉　平　李树榕
　　　　　　　张文平　赵现海　李　哲　王仁芳　尚　珩　解　丹
　　　　　　　李　严　梁建宏　李大伟　季燕京　丹达尔　赵　菲
　　　　　　　钱淑芳　崔　荣　刘弘轩　董晨阳　赵子阳　吴栓虎
　　　　　　　王俊霞　李　丽　乌兰托雅　乌仁其其格
监　　　制： 刘　钦　岳石桩

指　　　　导： 内蒙古自治区党委宣传部
主 办 单 位： 内蒙古广播电视台
合 作 单 位： 中国文化遗产研究院
　　　　　　　内蒙古自治区文化与旅游厅
　　　　　　　内蒙古自治区文物考古研究院
　　　　　　　内蒙古博物院
　　　　　　　内蒙古自治区语言文字工作委员会
　　　　　　　北京市文物局　山东省文物局　辽宁政协文史馆
　　　　　　　河南省文物考古研究院　陕西省考古研究院
　　　　　　　宁夏回族自治区文物考古研究所
　　　　　　　长城小站　文明杂志社
　　　　　　　北京大学考古文博学院　天津大学建筑学院
　　　　　　　山西大学历史文化学院　内蒙古大学　河北大学
　　　　　　　内蒙古师范大学　通化师范学院　嘉峪关长城博物馆

策划编辑：贾睿茹
责任编辑：贾睿茹　陈宇琪　王　静
装帧设计：王　星　宋双成

定价：67.50元